神人覺醒

In Tune with the Infinite

找回神聖的自己，
活出健康、財富、愛與所有潛能

拉爾夫・沃爾多・崔尼 Ralph Waldo Trine——著
林資香——譯

New Life.42

神人覺醒

找回神聖的自己，活出健康、財富、愛與所有潛能

In Tune with the Infinite

作　　者　拉爾夫・沃爾多・崔尼（Ralph Waldo Trine）
譯　　者　林資香
封面設計　林淑慧
特約美編　顏麟驊
特約文編　洪禎璐
主　　編　高煜婷
總 編 輯　林許文二

業務行政　鄭淑娟、陳顯中

出　　版　柿子文化事業有限公司
地　　址　11677臺北市羅斯福路五段158號2樓
業務專線　（02）89314903#15
讀者專線　（02）89314903#9
傳　　真　（02）29319207
郵撥帳號　19822651柿子文化事業有限公司
服務信箱　service@persimmonbooks.com.tw

一版一刷　2025年8月
定　　價　新臺幣450元
I S B N　978-626-7613-63-4

如欲投稿或提案出版合作，請來信至：editor@persimmonbooks.com.tw

國家圖書館出版品預行編目（CIP）資料

神人覺醒：找回神聖的自己，活出健康、財富、愛與所有潛能／拉爾夫・沃爾多・崔尼（Ralph Waldo Trine）著；林資香譯. -- 一版. -- 臺北市：柿子文化事業有限公司，2025.08面；公分. --（New life；42）
譯自：In tune with the infinite.
ISBN 978-626-7613-63-4(平裝)
1.CST：靈修
192.1　　114009337

柿子文化官網

你現在正在創造什麼狀態？

好評推薦

名人強推

本書不只是讓我們的生命變得更有力量，而是讓我們能重新看見：原來真正的力量，一直都在我們心中。它提醒我，我不是孤單的個體，而是與神性共振的存有。這本書，像一把鑰匙，讓我活出那個更真實、更自由的自己。

——田定豐，種子音樂創辦人、作家、頌缽療癒師

《神人覺醒》是一本靈性的經典之作，帶領讀者穿越思想與信念的迷霧，重新認識：真正的力量，不在外界，而是在自己心中。

思想是力量，信念會創造現實。當你覺得自己有所限制，那是因為你對自身力量的無知。

我們天生都擁有創造的能力。其實，每個「人」，都可以是「神人」。「神人」並不是超凡入聖，當你願意敞開自我、與宇宙的神聖源頭連結，就擁有了無限豐盛的力量。

——吳若權，作家、主持人、企管顧問

本書透過簡單而深刻的練習與觀點，喚醒你內在無限的顯化力量，讓愛、健康與富足不再只是願望，而是可實踐的生命狀態。誠摯推薦給渴望轉化與提升生命的人。

——謝宜珍，作家、身心靈講師、豐盛生活諮詢顧問有限公司負責人、台灣國際身心靈整合協會理事長

媒體讚譽

這是一部極有助益、深富同情心的小書，講述了生活中的作為以及無形世界的實

相，此亦為美國獨具的特點。這類作品的催生者是愛默生，它們不擁戴任何信條，試圖解開貫穿世界上所有宗教「宛如金線般串連的脈絡」，並且閱讀者眾多。崔尼先生以清晰直率、簡明易懂的語言寫成本書，為我們帶來了幸福與滿足。

——美國影藝學院（The Academy）

本書不僅揭示了作者對靈性法則的認可，更在某些例證中展現出他對這類法則的本質與運作具有非凡的理解，光是在序言中即可看出他的強烈直覺，而內文亦證明了他達成目標的卓越能力。

——《波士頓每日晚報》（*Boston Daily Evening Transcript*）

本書是關於作為與信仰的流暢論述，具有吸引眾多讀者的潛力。

——《蘇格蘭人報》（*The Scotsman*）

本書探討宗教作用與目的，內容思慮縝密、發人深省，在美國已再版二十一次。

——《展望》（*The Outlook*）

毫不誇張地說，關於「合而為一」的普遍教義本質之純粹精神與極為實用的觀點，這本書是我們讀過的最佳闡述。正因所有人必然會對物質事物感興趣，本書的優勢即在於它提出了許多明智的建議，教導讀者如何戰勝各種貧困匱乏……本書所營造的氛圍振奮且鼓舞人心、論述強大有力，卻以溫和的建議循循善誘，證明了作者具備了敏銳的直覺感知和洞察，以及清晰的分析推理能力。

——《光明》（*Light*）

一種開朗、健康、睿智的樂觀精神貫穿了本書。只要認真遵循本書的教導，許多人的生命必然可從冬天轉變為春天。智者要宣揚的是名符其實的福音：充滿信念、歡樂、希望、慈善，以及健康的福音；他以理智勸說我們擺脫恐懼、擔憂、陰鬱，並大費周章地闡明了兩個最主要的觀念：其一，心智對身體以及活力與生命力的狀態有著巨大的影響力；其二，只要對無限生命之流敞開自己，每個人都可能擁有充實而圓滿的人類生命。因此，一個人的生命只會被自己所窄化、限縮；只要保持信念，凡事皆有可能。這位作家所欲宣揚的一切，靈感皆來自他對於這世上的良善、力量，以及神的存在，有著深厚無比的信念。

——《基督教世界》（*The Christian World*）

讀者迴響

★我才看了幾句話就忍不住買下這本書，我經常翻開閱讀，還給很多朋友都送了這本書。

★這是我最喜歡的書之一。我把它放在床邊，時不時就拿起來閱讀。

★我無法用文字形容這本書是如何改變我人生的！作者沒有說教，但提到了宗教，我建議大家保持開放的心態，絕對不要因為讀到太多關於神的內容而錯過——作者確實使用了「神」這個詞，但指的是那永恆無限的力量和源頭。

★我們是神／宇宙的一部分，正在經歷某種體驗；我們就是那一切，我們的靈魂強大，只是忘記了我們是什麼，而本書非常鼓舞人心地提醒我們：我們是誰，以及是我們創造了自己的現實。

★我長久以來最喜歡的書，沒有之一！它寫於十九世紀九〇年代末，帶著一種單純天真的熱情，卻蘊含著現代靈性經典無法理解、更遑論分享的真理。

★這絕對會是你一讀再讀的最佳書籍。這本書絕對值得每年讀它一遍，或者至少讀到它成為你的第二天性。我太喜歡這本書了！

★潛意識是這本書的核心主題，作者將潛意識描述為一種強大的力量，它基於我們的思想和信念來塑造現實。

目次

CHAPTER

3

CHAPTER 8

你本自富足

CHAPTER 9

聖賢哲人的智慧之語

序言

有一條命運的金線，貫穿了世界上所有的宗教，貫穿了世界歷史上所有先知、預言家、聖賢哲人、救世主的生命與教導，也貫穿了所有擁有真正偉大與持久力量的男女老少生命。他們所完成或達成的一切，完全依照至高法則而行。一個人所成就之事，所有人都可能做到。

這條相同的命運之線，必然也進入了置身現今繁忙世界中所有人的生命；他們把無能轉換成力量，把軟弱與受苦轉換成豐足的健康與力量，把痛苦與不安轉換成完美的和平，把各種性質的貧窮匱乏轉換成豐盛與富足。

每個人都在建構自己的世界。我們於內在世界中建構，同時吸引外在世界進行形塑，而思想就是我們建構一切的力量，因為思想就是力量。物以類聚，同類相生、同類相吸，思想靈性化的程度愈高，它的運作就會變得愈發精微而強大；這種靈性化的運作不但符合至高法則，而且所有人都有能力做到。

一切事物皆是先於未見之域形成，然後才會顯現於可見之域。

先建構出理想，才會在現實中成真；先在精神層面上成形，才會在物質層面上顯現。未見之域即為「因」的範疇，可見之域即為「果」的範疇，前因的性質必然會影響並決定後果的性質。

我希望能以簡單明瞭的方式，指出與內在、精神靈性、思想之力量運作相關的偉大實相，以及潛藏於其背後的偉大法則，淺顯易懂到連孩童都能理解。

我的目的在於以簡單明瞭的方式指出這些實相與法則，讓每個人都能夠領會理解、接受它們，並將其融入日常生活之中，從而按照自己想要的方式去形塑出所有細節；如此一來，他們得以形塑自己的生活這件事，所依靠的便不只是作者的推測或理論，而是經過實證的確鑿知識。

在整個宇宙中，有一個神聖序列貫穿其中，在人類意志之中、之上及之下，不停歇地行使著神聖的意志。與這個序列和諧共處，從而與更高的法則及力量和諧共處，然後與其結盟合作，再使其與我們結盟合作，便是進入這一連串美妙序列的方式。這就是所有成功的秘訣，能引領我們走向康莊大道，去擁有未知的財富、體現意想不到的力量。

——拉爾夫·沃爾多·崔尼

引言

樂觀主義者是對的，悲觀主義者也是對的，兩者之間的差異宛如光明與黑暗，但兩者都沒有錯。每個人從自己特定的觀點來看待事物都是正確的，而這個觀點則成了每個人生命的決定因素；它決定了生命是充滿力量，還是無能為力；是平靜，還是痛苦；是成功，還是失敗。

樂觀主義者能以全面而整體的角度、以事物的正確關係來看待它們，悲觀主義者則從有限而片面的觀點出發；前者的理解受到智慧的啟發，後者的理解則受到無知的遮蔽。

他們都是從內而外地建構起自己的世界，從各自的觀點來決定建構的結果。樂觀主義者憑藉著自身卓越的智慧與洞察，不但能塑造出自己的天堂，甚至還能幫助周遭所有人塑造出他們的天堂；悲觀主義者則由於自身的侷限性，不但塑造出自己的地獄，甚至還為全人類塑造出地獄。你我都具備了樂觀主義者的主要特徵或悲觀主義者的主要特徵，因而無時無刻不在塑造自己的天堂或地獄；而在我們為自己塑造出天堂或地獄的同時，甚至也在幫周遭世界的所有人塑造出天堂或地獄。

「天堂」這個詞意味著和諧，而地獄這個詞來自古英文的「hell」，意味著在周圍豎立起與外界隔絕的高牆，「helled（落入地獄）」就是被隔離開來的意思。那麼，若說有「和諧」這樣的事物存在，就必定有人們可以與之保持正確關係的事物存在；因為與其保持正確的關係，就是與其和諧共處。同理，若說有「落入地獄」、被隔絕於世或隔離開來這樣的事物存在，就必定有使人們受到束縛、被隔絕或隔離的事物存在。

特別說明

本書的「神」，大部分是指潛藏在萬物背後的「無限生命與力量之精神」，你也可以用「慈光」、「上蒼」、「超靈」、「全能之上帝」或任何你認為能代表「無限生命與力量之精神」的詞彙做替換。

1

宇宙至高無上的實相

宇宙偉大的核心實相，就是那股潛藏在萬物背後的「無限生命與力量之精神」；它賦予萬物生命，在萬物身上展露，並透過萬物得到充分體現。這個生命自我存在的原則，即為萬物的源頭，不僅在過去、現在是如此，在未來亦是如此源源不絕。只要有任何生命存在，就必然有其無窮無盡的生命源頭；只要有愛的特質或力量存在，就必然有無始無終的愛之泉源；只要有智慧的存在，其背後必然有一股全知全能、生生不息的湧泉。乃至於和平、力量，以及我們所謂的物質世界，皆是如此。

那股潛藏在萬物背後的「無限生命與力量之精神」，即為萬物的源頭。這股無限的力量透過不可改變的偉大法則與力量在創造、運作、支配萬物；這些法則與力量貫穿整個宇宙，從四面八方圍繞著我們。我們日常生活中的所有作為，都受到這些偉大法則與力量的支配：每一朵盛開在路邊的花朵，都依照某些不可改變的偉大法則而萌生、茁壯、綻放、凋萎；每一片飛舞於天地之間的雪花，也都依據某些不可改變的偉大法則而成形、飄落、融化。

從某種意義上來說，整個偉大的宇宙除了法則之外，別無他物。

如果這是真的，那麼，宇宙背後必然有一股制定這些法則的力量，以及一股比這些被制定出來的法則更加偉大的力量。這股潛藏在萬物背後的「無限生命與力量之精神」，我稱為「神」。我不在乎你會使用什麼樣的用語來稱呼它，不論是慈光、上蒼、超靈、全能之上帝或任何用語都好。我不在乎這個用語是什麼，只要我們都同意有偉大的核心實相這件事存在就好。

那麼，神就是這股絕無僅有、充滿整個宇宙的無限精神，萬物不但源自於祂，而且也僅存在祂之中，無出其外；事實上，我們生活、移動、存在於祂之中。祂是我們生命的源頭，祂的生命就是我們的生命。我們接受了來自祂的生命，過去、現在是如此，未來亦將持續不斷。

我們分享了祂的生命，不同之處只在於，我們擁有個別的靈魂，而祂則是包容了我們以及其他一切的無限精神；然而，在本質上，神的生命與人的生命並無二致、實為一體，其差異不在於本質或特性，而在於程度的高低。

過去與現在都有深受啟發的靈魂，相信我們是按照神聖之流的方式，從神那裡接受生命。另一個說法是，過去與現在都有深受啟發的靈魂，相信我們的生命與神的生命合而為一，因此，神與人實為一體。哪個說法是對的？兩者都是對的。當我們正確地理解時，兩者都沒有錯。

關於第一個說法：若神是萬物背後的生命之無限精神，是萬物的源頭，那麼我們作為個體靈魂的生命，顯然將藉由這種神聖之流的注入，持續不斷地從這個無限的源頭生成。

至於第二個說法：如果我們作為個體靈魂的生命是直接來自這股生命之無限精神，是屬於祂的一部分，那麼體現在每個生命中的無限精神之程度，必然在特性上與該源頭如出一轍；就如同取自大海中的一滴水，在性質與特徵上，與它的海洋源頭並無二致。它怎麼可能會有所不同呢？

然而，對第二個說法容易產生的誤解是：儘管神的生命與人的生命從本質上來說並無二致，但神的生命遠遠超越了個人的生命，乃至囊括了其他所有一切。換句話說，就生命的特性而言，它們的本質是相同的，但就生命的程度高低而言，它們截然不同。從這個觀點來看，兩種概念顯然都是正確的，更甚者，它們並無二致，兩種概念都可以用同一個例子來闡明。

若說山谷中有一座水庫，它的水源來自山腰上另一座取之不盡、用之不竭的水庫。那麼，山谷的水庫是從山腰那座較大的水庫獲得供水；從性質、特性、特徵上來說，小水庫的水與大水庫的水同出一源，並無二致。然而，差異在於：山腰水庫的水量遠遠超過山谷中的水庫，前者可以為無數個類似後者的水庫提供水源，而且依然取之不盡、用之不竭。

人的生命也是如此。正如我們都同意的事實是：儘管我們可能在其他方面有所不同，但如果這股生命之無限精神潛藏在萬物背後、潛藏在所有生命背後，一切皆源自於它，那麼，每個個體的生命，包括你的生命與我的生命，必然亦是由這個無限源頭的神聖之流所注入；如果這一點沒有錯，那麼注入人類生命的這股神聖之流，在本質上必然與生命之無限精神相同。唯一的不同之處並非在於本質，而是在於程度的高低。

若是這一點沒有錯，那麼，根據人對神聖之流敞開自己的程度，不就可以推論出他有多麼接近神嗎？果真如此，他接近神的程度，不就可以推論出他接受了多少神的力量？如果神的力量廣袤無限，不就可以推論出——

人的唯一限制，只在於他未能認清真正的自己而做出的自我設限。

2

人類生命至高無上的實相

宇宙至高無上的實相，正是那股潛藏於萬物背後，亦為萬物源頭的「生命之無限精神」，而它引領著我們去探究人類生命至高無上的實相是什麼。從之前的推論來看，這個問題幾乎不言而明。

無論是在你或我的生命之中，人類生命中至高無上的實相，就是有意識地去認識並體現「我們與無限生命合而為一」，並且對神聖之流充分地敞開自己。

這就是人類生命至高無上的實相，因為其他的一切都涵蓋在這之中，也都隨之而來。我們愈能有意識地認識到我們與無限生命合而為一、愈能對神聖之流充分敞開自己，我們就愈能在自己身上實現無限生命的特質與力量。這意味著，我們認識到自己的真實本體，正在使自己的生命與同樣偉大的法則與力量和諧共處，從而向同樣偉大的靈感敞開自己，正如世界歷史上所有先知、預言家、聖賢哲人、救世主一樣——他們都如實地擁有強大的力量。這是因為，我們愈深入地認識到這一點並讓自己與這個無限源頭建立起愈強烈的連結，就愈能讓至高力量透過我們發揮作用、運作並體現。

就像大多數人一樣，無知使得我們對這股神聖之流、對這些至高力量敬而遠之，甚或阻礙或制止它們透過我們彰顯出來；又或者，我們可以故意對它們的運作視而不見，從而剝奪了我們自己（就我們存在的本質而言）理當承繼這些力量的權利。另一方面，我們也可以深刻地領悟到，我們的真正自我與無限生命合而為一，並且對神聖之流的到來充分敞開自己，乃至對這些至高力量、靈感、影響力也同樣敞開，如此一來，我們即可如實地冠上那個最適合我們的稱謂：神人（God-men）。

什麼是「神人」？亦即他雖然是人，神的力量卻能在他身上得到彰顯；沒有人能對這種類型的男女設定限制，因為他或她可能會有的唯一限制，就是他們的自我給他們設定的限制。

對絕大多數人來說，無知是給自己設限的最強力因素，由於不了解自己承繼了更偉大生命的這個事實，絕大多數人繼續過著渺小、發育不全、備受阻礙的生活，從未認識到真正自我的真實本體。

人類尚未意識到，真正的自我是與神的生命合而為一的自我。

由於無知，人類從未對神聖之流敞開自己，因而也從未讓自己成為無限力量得以體現的管道。當我們認為自己只是人，當然會相對應地過著人的生活、只擁有人的力量；當我們了解到「我們是神人」這個事實，就會相對應地過著神人的生活，並且擁有神人的力量。是否從人變成神人，端視我們對這股神聖之流敞開自我到什麼程度。

荷花池的欣欣向榮與衰枯

我的某位朋友擁有一座美麗的荷花池，那是位於他的莊園（他總稱它為「農場」）中的一個天然水池，其水源來自遠處山麓的一處蓄水池，從蓄水池到池塘主要管道的水流，由一道閘門來調節。這座荷花池美得宛如仙境。在天氣晴美的夏日，清澈透明的水面上燦開著朵朵荷花，六月的玫瑰與其他野花亦在水岸邊接續綻放；鳥兒也飛來這裡喝水、洗浴，從早到晚都能聽到牠們悠揚婉轉的歌聲；蜜蜂也在這片野花遍布的花園中忙個不停。附近還有一片美麗的小樹林，生長著各式各樣的野生漿果、灌木、蕨類植物，從荷花池往後延伸至遠方一望無際之處。

這位朋友不僅是人，還是一個神人。他關愛他的同類，因此在地產上沒有豎立任何寫著「私人土地，禁止擅闖」或「非法擅入嚴究不貸」的告示牌；相反的，他在一條引導人們穿越天然叢林，直達這處迷人仙境的美麗小路盡頭，豎立了一塊告示牌，上頭寫著「荷花池歡迎所有人來訪」。所有人都愛這位朋友，為什麼？他們不能不愛，因為他是如此地愛著他們，他的物事就是他們的物事。

在這裡，經常能看見一群群快樂的孩童在玩耍。看起來疲憊不已的男女來到這裡後，不知為何，離去時臉上的表情截然不同——他們的重擔彷彿被卸下了。有時，我會在他們離開時聽到他們祝福般地低語著：「願神保佑我們的弟兄朋友。」

許多人將這個所在稱為「神的花園」，而我的朋友則稱之為他的「靈魂花園」，他在這裡安靜自在地度過許多時光。我經常在其他人離去之後，看到他在這裡來回踱步，或是在清澈的月光下靜靜地坐在一張古舊樸實的長凳上，吸納著野花的芬芳香氣。他是一個天性美好樸實的人，他說，他在這裡感受到生命的真實事物，也經常靈感乍現，從而孕育出他最偉大、最成功的計畫。

這裡周遭的一切，似乎都沉浸在一種友好、舒適、善意、歡欣的氛圍當中。當牛隻、羊群來到小樹林邊緣的古老石頭圍籬前，眺望這片美麗仙境時，似乎也感受到人們在這裡所獲得的歡快與滿足，當牠們意識到自己的滿足與歡欣感受時，好像也忍不住微笑——又或者只是旁觀的人覺得牠們在微笑，並且因為看到牠們流露出顯而易見的滿足與歡欣，他也不由自主地綻放了笑容。池塘的閘門總是大開，寬闊到足以容納豐沛的水源，並得以持續流溢出充足的水量，供應流經下方田野的一條小溪，並為在小溪旁吃草飲水的牛隻、畜群提供純淨的山泉。此外，這條小溪亦流經鄰居所擁有的田野。

不久前，這位朋友離開一年，在這段期間，他將這處地產租給另一個人。以世俗的觀點來看，這個人的想法極為「實際」，他沒有時間去做任何不會為他帶來直接而「實際」回報的事。因此，連接水庫與荷花池的閘門被關閉了，這個池塘從此再無機會接受清澈山泉的滋養與充盈。我們的朋友豎立的「荷花池歡迎所有人來訪」告示牌被移除了，因此再也看不到一群群無憂無慮的男女老少來荷花池遊玩。

一切都發生了巨大的改變。由於缺乏賦予生命的水源，池塘裡的荷花都凋萎了，長長的莖梗無力地垂落在池底的淤泥上；原本悠游於清澈池水中的魚群很快就死光了，只要走近池塘就會聞到一股令人作噁的難聞氣味。花兒不再盛開在池岸邊，鳥兒也不再飛來喝水、洗浴，就連蜜蜂的嗡嗡聲也不復可聞；更甚者，流經下方田野的溪流乾涸了，牛隻、畜群再也享受不到源源不絕的清澈山泉。

我們很容易可以看出，這個地點的現狀與我們的朋友以往悉心照料荷花池時的狀況完全不同，而這種差異是由於關閉了池塘的閘門，使得山上水庫的水（池塘的生命源頭）無法流入池塘所導致。當池塘的生命源頭被切斷，不僅荷花池變得面目全非，周遭田野失去了溪流的滋養，連帶以往會來溪流岸邊喝水的畜群與牛隻也遭受波及。

從人類生命的角度來看，我們難道看不出其中的相似之處？我們愈能認識到自己與萬物生命源頭的無限精神合而為一、緊密連結，以及愈能對這股神聖之流敞開自己，我們就愈能如實地與這股無所不在的至高無上、最強大、最美麗的生命之源和諧共處；而我們愈能這麼做，就愈能如實地被這股神聖之流盈滿，以至於所有與我們接觸的人都會受到我們這種體認的影響。這就是我們這位朋友的荷花池，他熱愛宇宙中最真實、最美好的一切。

反之，我們愈無法認識到自己與這個無限源頭合而為一，以至於對這股神聖之流封閉自己，則會讓我們更容易進入彷彿沒有任何良善、美好、力量存在的狀態；而當這種情況發生時，那些與我們接觸的人感受不到任何源自我們的良善，他們只會受到傷害——這就是在農場租客管理下的荷花池。

荷花池與你我生命之間的差異，在於荷花池本身沒有任何力量能打開閘門，讓來自水庫源頭的水流入；它無能為力，而且只能藉助外力。但是，你我擁有力量，能完全按照我們的選擇，來對這股神聖之流敞開或關閉自己的內在力量；這是我們透過心智的力量、透過思想的運作，從而擁有的力量。

思想就是力量

直接來自神的靈魂生命，將我們與無限聯繫起來；肉體生命則將我們與周遭的物質宇宙聯繫起來；此外還有思想生命，它將靈魂生命與肉體生命連結在一起，並在兩者之間發揮作用。

在繼續討論下去之前，我們先快速思考一下思想的本質。

思想並非如人們經常認為的，只是不明確的抽象概念，或是性質類似的事物。

思想是一種充滿生氣與活力的力量，是宇宙中最生氣蓬勃、最微妙細緻、最不可抗拒的力量。

在我們的實驗室進行的實驗當中，正在證實一項偉大的事實：思想就是力量。思想有形態、特質、實體及力量，而我們也開始發現一門或可稱為「思想科學」的學科存在；同時，藉由思想力量這項工具的協助，我們得以擁有創造的力量，而且不僅是比喻意義上的創造力，更是現實世界中的創造力。

物質宇宙中關於我們的一切，以及宇宙中已知的一切，都有其始於思想的源頭，並由此開始成形。

每一座城堡、每一尊雕像、每一幅畫、每一件機械裝置，一切事物皆有其誕生與起源；它會先出現於形成它的那些人的心智之中，隨後才會產生物質表現或被顯現出來。我們所生活的宇宙，正是神（亦即萬物背後的無限精神）的思想能量所產生的結果；倘若我們真正的自我在本質上並無二致，亦即我們與這種無限精神的生命本為一體，那麼，我們對這個驚人事實的理解程度愈高，藉由內在、精神、思想力量的運作，我們也擁有了類似意義的創造力。

一切事物皆是先存在於未見之域，然後才顯露或實現於可見之域。從這層意義來說，看不見的事物是真實的，而看得見的事物反而不真實。看不見的事物是「因」，看得見的事物則是「果」；看不見的事物是永恆的，看得見的事物才是瞬息萬變的過眼雲煙。

「言語的力量」正是實在的科學事實。透過思想力量的運作，我們擁有了創造力，而言語只是這些內在力量所運作的外在表現。因此，言語是集中與引導思想力量沿著特定路線行進的工具；在它們的力量體現為任何外在或物質表現之前，這種集中專注、賦予方向的運作是不可或缺的。

關於「建造空中樓閣」一說，始終充滿爭議，熱中此道者並不總是備受青睞。

但是，在我們地面上的樓閣成形、在我們有樓閣可以入住之前，空中樓閣是不可或缺的。

對那些致力於建造空中樓閣的人來說，問題不在於他在空中建造它們，而是在於他並未更進一步在生活中、性格上、物質形式方面，實現他所建造的樓閣；他完成了一部分的工作，一個非常必要的部分，但另一個同樣必要的部分尚未完成。

心智的吸引力

與思想力量有關的事物，我們或可稱之為「心智的吸引力」；同時，運作於此的偉大法則與宇宙的偉大法則實為一體，也就是：同類相吸、物以類聚。我們不斷從生活的可見與未見之域中，把那些與我們的想法最相近的力量與情況，朝自己吸引過來。

這條法則始終永無休止地運作著。我們好比生活在一座浩瀚無垠的思想海洋中，周圍的大氣層充滿了思想的力量，這些力量不停地被發送出去，或者說，不斷地以思想波的形態放送出去。無論是在有意識或無意識的情況下，我們多少都會受到這些思想力量的影響；我們體質易感程度的高低，或者我們有多麼消極拒絕（而非積極接受）外界的影響，決定了什麼影響會進入我們的思想範疇，從而進入我們的生活當中。

有些人的體質比其他人更為易感——從有機體的觀點來看，他們身體的結構組成與性質更加精微——這些人總是多少會被所接觸的人，或是周遭同伴的心態所影響。我有一位朋友是一份出色期刊的編輯，然而他的體質非常易感，以至於他無法參加歡迎會之類的聚會；因為經過整晚與多人交談、握手致意之後，他通常會受到他人各種心理與生理狀態的影響。這對他的情緒與健康的影響非常劇烈，甚至會讓他直到兩、三天之後才能恢復最佳的工作狀態。

有些人認為，一個人擁有如此易感的體質是不幸的，但這其實是一件好事，因為這樣的人更可能敞開自己、接受對其內在靈魂的更高驅動力，以及外在所有更高的力量與影響力。不過，除非這個人可以認知到並知道如何關閉自己，或是讓自己積極面對所有有害或不良影響的力量，否則如此易感的體質可能會為他帶來不幸與極端的不便。然而，無論一個人的體質是否易感，他都有能力獲取這股更高的力量。

他可以透過心智的運作來獲取這股力量。此外，對任何人來說，不論他的體質是否易感，應該保持的最有益的習慣是——我進入自己的內心世界，積極面對下方世界的一切，並對上方的一切、所有更高的影響，保持開放與樂於接受的心態。讓自己時常有意識地保持這種心態，很快就會養成習慣；如果一個人認真地養成這種習慣，此習慣就會開始運作，並且產生靜默無聲卻微妙而強大的影響，來幫助他達成想要的結果。這麼一來，所有來自生命中可見與未見之域的，較為低劣、令人不快的影響都會被排除在外，而所有至高的影響都會被吸引過來，並且會根據被吸引過來的程度高低多寡而進入我們心中。

我們所謂生活中看不見的面向，是指什麼？首先是思想力量，亦即我們周遭氛圍中的心智與情感狀態，它們都是由那些藉由肉體媒介而顯露於物質層面上的人所產生。其次，則是那些扔下肉體或肉體被擊垮的人（註：指自然死亡或非自然死亡）所產生的相同力量——他們如今藉由不同性質的形體繼續彰顯存在。

人的個體存在始於物質世界的感官層面，但隨著他不斷展現的神格化生命與力量逐級上升，他會穿越以太、天界的連續層次，直至邁向難以言喻的宏偉與充滿榮光的命運。每個物質星球之內與之上，都有一個相對應的以太星球或說靈魂世界，正如每個物質有機體之內與之上都有一個相對應的以太有機體或靈魂體，而物質只是它們的外在對應物與物質化的展現。我們這些「甦醒人類」最直接的發源地，正是這個以太或靈魂星球，從此起始，在星球之內與之上的無限層次中不斷提升或深化，直到靈性化存在的天界高度，但這對感官世界的人來說完全無法想像。

因此，所謂的具體化存在有兩個面向：物質存在只是暫時的外殼，透過這個外殼，存在其中的真實而永久的以太有機體得以個體化並完善呈現，這有點像是由於外殼的保護才讓「穗上結成飽滿的籽粒」，但外殼並無進一步的用途。利用這個堅不可摧的以太體，以及相對應的以太界環境與其中的社會生命和關係，個體性與個人生命得以被永久地保存下來。

無論生命以何種形式存在，生命存在的這個事實意味著生命的延續——即使形式會改變；生命是宇宙的一項永恆原則，所以它會永遠持續存在，儘管它藉以顯現的媒介形式可能改變。「在我父的家裡有許多住處。」誠然個體扔下並離開了肉體，但沒有任何證據顯示生命未能一如以往地繼續下去，或不會再開始——因為生命沒有休止；是故，生命無始亦無終，只是從它停止的地方，以另一種形式開始。

所有生命都是不斷地逐步進化，既無法省略，亦無法跳過。

在另一種形式中，仍然存在著各種層級與影響的心態以及生命，而且與在物質形式中並無二致。那麼，如果同類相吸、物以類聚的偉大法則始終運作不休，我們就會不斷從生命的這個層面，吸引那些與我們自己的想法和生命最相似的影響及情況。有人說，「我們會如此深受影響」是個可怕的想法，但其實一點也不。我們全都緊密連結於一個共同的宇宙生命之中，尤其當我們考慮到以下這個事實時更是如此：我們接受想法的順序，以及吸引影響的順序，這項決定權完全掌握在我們自己手裡；同時，我們並不只是受環境擺布的柔弱產物，除非我們確實選擇這麼做。

在我們的心智生活中，我們可以掌好舵，從而準確地決定前進的方向與路線，以及要停泊在哪些地方，或者我們失敗了，無法做到這一點，每一陣微風都能把我們吹往四面八方、隨處漂泊。事實上，我們應該歡迎這個想法，因為如此一來，我們就能隨時隨地把地球上最偉大、最崇高、最優秀的影響與援助都吸引過來。

從理性層面上來說，我們只能相信那些曾經在世間致力於愛、擁有令人振奮力量的人，仍然以相同的方式致力於愛，並且極可能擁有更誠摯的熱情以及更偉大的力量。「以利沙禱告說，耶和華啊，求你開這少年人的眼目，使他能看見。耶和華開他的眼目，他就看見滿山有火車火馬圍繞以利沙。」

幾天前，我與一位朋友駕車旅行，我們談到各地的人們對於吸納生命中更重要的事物都抱持著極大的興趣，他們熱切渴求內在力量的知識，也愈來愈渴望了解他們自己以及他們與無限的真正關係。我們談到偉大的靈性覺醒如火如荼地在世界各地展開，而且我們在這幾年清晰地看見這股趨勢的開端，以及在本世紀初我們見證的比例也不斷增加。

我說：「愛默生這位深受啟發、遠遠領先其時代的人士，如此忠實而無畏地致力於催生出這些變革，如果他今日能與我們一起見證到這一切，該有多麼美好！他會多麼地欣喜若狂！」

我的朋友回答道：「我們怎麼知道他沒有見證到這一切？而且我們又怎麼知道他沒有插手這一切？他的參與可能比我們能在這世間看見他時更加強大、更加深入呢。」感謝你，我的朋友，感謝你的提醒。「天使豈不都是服役的靈，奉差遣為那將要承受救恩的人效力嗎？」

正如今日的科學已經充分證明，我們眼見的事物不過是全貌之中的一小部分；而在我們自己的生活以及周遭的世界中，真正進行運作的重要力量是肉眼無法看得見的。然而，這些力量正是一切的原因，我們所見的事物只是結果。思想就是力量，同類相生、相吸，物以類聚。一個人只要能控制他的思想，就能決定他的生命。

一位對事物本質深具洞見的人曾說：

> 靈性事物與物質事物之間的對應法則，其運作精確至極。受陰鬱情緒支配的人會吸引陰鬱的事物；總是灰心沮喪的人往往一事無成，只能成為他人的負擔；充滿希望、自信、情緒愉快的人，則會吸引成功的元素。一個男人維護他的前院或後院的方式，會讓人知道他長期的心境狀態；一個待在家中的女人如何穿著，亦可以讓人看出

她的心態為何。一個邋遢的女人，彷彿在昭告天下，她的心境就是絕望、粗心草率、缺乏條理秩序。

藍縷破衣、爛泥汙垢，總是先萌生於心智之中，爾後才顯現於體表之上。最強烈顯著的想法，會帶來相對應的可見元素在你周遭結晶成形，就如同溶液中可見的銅，會將該溶液中不可見的銅吸引過來。一個始終充滿希望、自信、勇氣、堅定，並堅持於既定目標的心智，會從各種元素中將有利於該目標的事物與力量吸引過來。

你的每一個想法皆以各種可能的方式對你產生實際的價值。你身體的力量、心智的力量、事業的成功、你的陪伴帶給他人的愉悅，全都取決於你思想的本質……不論你讓心智處於什麼樣的心境之下，你的心靈都會接收到與該心境相對應的無形物質。這既是靈性法則，亦為化學定律。而化學並非僅侷限於我們能看見的元素，我們肉眼無法看得見的元素之數量遠超過可見元素一萬倍。

基督的訓諭「恨你們的要待他好」，正是基於科學事實與自然法則。所以，行善就是為自己帶來所有具備力量與良善本質的元素，行惡則是帶來具備破壞、毀滅本質的元素。當我們張開雙眼時，生物的自衛本能會阻止我們所有行惡的想法與念頭。活在仇恨之中的人，必然也會死於仇恨：亦即，「凡動刀的，必死在刀下。」

每一個行惡的念頭都像是一把刀，對著它相向的那個人；如果那個人也拔刀回擊，這對雙方來說只會更糟。

另一位總是在深思後才發言的人是這麼說的：

吸引力法則普遍適用並運作於每個面向的行動，我們會吸引任何所渴望或期待的事物。如果我們渴望一件事物，卻又期待另一件事物，就會像是矛盾不合、自相紛爭的家庭，很快就會每況愈下、一蹶不振。下定決心只期待你渴望的事物，你就只會吸引到你想要的……抱持著任何符合你心意的想法；只要你保持這樣的想法，無論你是漫遊於陸上或海上，都會不斷精準地、只吸引到對應你最主要思想特質之事物——不論是在有意或無意的情況下。思想是我們的私有財產，透過不斷認知到我們有能力這麼做，我們可以調校這些想法以完全適合自己的喜好。

我們剛才談到了心智的吸引力，至於所謂的「信念」，無非就是思想力量以熱切渴望的形式運作，再伴隨著實現它的期望。這股信念，亦即被發送出來的熱切渴望，由堅定不移的期望持續維繫與澆灌，直到它將渴望的事物吸引過來，或是將不可見的事物變成可見的事物、從精神層面轉變為物質層面，而這正是它被發送出來的目的。

倘若讓懷疑或恐懼的元素介入，原本巨大的力量會被抵銷而化為烏有，以至於無法實現原有的期望。當信念由堅定不移的期望持續維繫與澆灌時，它會變成一股力量、一種吸引力，不可抗拒且絕對確鑿，結果也將是絕對確鑿，與它的絕對性堪成正比。

正如我們發現的，人們所說的關於信念的偉大事物、與信念有關的偉大承諾，不僅僅是模糊的感傷，更是偉大的科學事實，並且建立在永恆不變的偉大法則上。即使在我們的實驗室所進行的實驗中，我們也發現了在這些力量背後支配它們的法則。有些人正開始充分理解並運用這些法則，而非盲從它們。

人類意志與神聖意志

如今，關於「意志」這個主題可說是眾說紛紜、莫衷一是。意志往往被說成彷彿它本身就是一股力量。然而，只有當意志是思想力量的一種特定表現形式時，它才會是一種影響力、一股力量；因為，思想正是藉由我們所謂的「意志」才得以聚焦，並被賦予特定的方向。而思想被聚焦並賦予方向的強烈程度，決定了它被發送出來並完成工作的成效。

從某種意義上來說，有兩種意志的存在：人類意志、神聖意志。

我們可以將人類意志稱為「小我」，它是只能存活於心智與身體層面的意志，也就是感官意志；這是當我們尚未醒悟到以下事實時的意志，而這個事實就是：有一種生命遠遠超越了單純的智識與身體感官的生命，當這種生命被實現、被經歷時，它不但不會扼殺或貶損感官生命，反而會讓感官生命臻至完美，使其感受的敏銳度發揮到淋漓盡致。

神聖意志則是「高我」，這是當我們認知到我們與神聖合而為一時的意志，並且能夠讓我們的人類意志與神聖意志一起和諧運作。「耶和華你的神，是在你們中間大有能力的主。」

根據至高法則所述，人類意志有其侷限，到此為止，無法更進一步；神聖意志則沒有任何侷限，它是至高無上的。法則說，在神聖意志下，所有事物都將為你敞開、受你支配並為你所用，因此，人類意志轉化為神聖意志並與神聖意志一起和諧運作的程度，決定了人類意志是否亦可轉變為至高無上的神聖意志，這也就是：「你定意要作何事，必然給你成就。」

因此，生命與力量的偉大秘密，就在於建立並保持人類與無限源頭的有意識連結。

所有生命（本身）的力量，皆取決於與其產生共鳴的事物。

神既為內在固有，亦為超然物外，如今，祂正在宇宙中、在你我的生命之中，遂行創造、運作及統治，一如既往。我們很容易就會將祂視為一位缺席的地主，在啟動了這個偉大宇宙的力量之後就悄然離去。

然而，我們愈能認知到祂既為內在固有，亦為超然物外的存在，我們就愈能分享祂的生命與力量。這是因為，我們愈能認知到祂是生命與力量的無限精神、祂於當下存在所有人之中並透過所有人運作與示現，以及我們自己與祂的生命合而為一，我們就愈能分享祂的生命，並在自己身上實現祂的生命特質。我們愈能對這股既是內在固有亦是超然物外的生命湧流敞開自己，就愈能讓自己成為管道，使得無限智慧與力量得以經由我們來運作。

直覺是內在的靈性感官

透過心智的媒介，我們得以將真正的靈魂生命與物質生命連結起來，從而使靈魂生命透過物質生命來展現及運作。

思想生命需要不斷地從內在被照亮、啟發，只有在我們透過心智的媒介而認知到我們與神聖合而為一、認知到每個靈魂都是獨特的表達形式，啟發才會出現。

這給予了我們內在的指引，而我們稱之為直覺。

直覺之於靈性本質與實際理解，正如感官知覺之於感覺本質與理解。它是一種內在的靈性感官，人們可藉此直接接受神的啟示與知識、自然與生命的秘密，並且進入與神融為一體、和睦相交的狀態，進而認識到自己的神聖本質，以及作為神之子的至高無上。在神聖的啟發下，靈性的至高無上與明晰啟示，可藉由直覺的發展與完善而獲得實現，從而為我們的注意力與感興趣的所有事物之特質、屬性及目的，提供了完美的內在洞察與直接見解……身體感官向外敞開，而直覺這種靈性感官則向內敞開；正因為它在不受所有外在資訊來源影響的情況下，能夠直接感知、掌握、了解真相，所以我們稱之為直覺。所有深受啟發的教導與靈性啟示，都是基於對靈魂的這種靈性能力，以及其接受並適當運用這些教導與啟示的認識……

人在靈性和目的上與天父有意識地合而為一，源自於他的極度渴望與信任，透過這種內在感官來敞開他的靈魂，並從神聖全知與神聖全能的合作能量中，獲得啟發與開悟。在這種狀態下，他會成為先知與大師。

肉體中，在更高層面的開悟靈性生命上，心智抱持著客觀的態度，並以自由且不偏不倚的洞察來行事，直接掌握真理，不受外在資訊來源的影響。當我們從神聖的一面接近所有存在與事物，它們就會在神聖全知的光中被看見；當心智安歇於神的心智之中時，神對這一切的目的以及相關的真相，皆在神聖心智的直接啟發下昭然若揭。而靈魂，則透過我們稱之為直覺的這項靈性感官，向內對神聖心智完全敞開。

有些人將直覺稱為靈魂的聲音，有些人稱之為神的聲音，有些人則稱之為第六感。

直覺就是我們內在的靈性感官。

我們愈能認識到自己的真實自我、愈能讓我們的生命與無限生命合而為一，以及對神聖之流敞開自己，這種直覺的聲音、靈魂的聲音、神的聲音就會顯得愈發清晰；我們愈能認識、聆聽、服從它，它的述說就會愈顯清晰並且漸趨準確無誤。

3

心靈影響健康與生命活力

神是生命之無限精神。如果我們能分享這樣的生命，並且對它的神聖之流完全敞開自己，那麼它對肉體生命的意涵則將超乎我們最初的想像。顯然，從本質上來看，這種蘊含了無限精神的生命並不容許任何疾病存在；如果此一前提無可置疑，那麼在它可以自由進入且能於其中自由流動的身體裡，便無任何疾病存在的餘地。

心理狀態與身體的關係

我們在一開始必須先建立這樣的認識：對肉體生命而言，所有的生命都是從內而外地萌現。有一條亙古不變的法則是這麼說的：「因存乎中，果形於外。」換句話說，思想力量、各種心理狀態與情緒，最終都會對身體產生影響。

有人說：「我現在聽到許多關於心智影響身體的說法，但我不知道是否該對此抱持高度的信心。」但請試想一下，有人給你捎來晴天霹靂的消息，你的臉色就變得蒼白、身體開始顫抖，甚或可能昏厥過去，這個消息是經由你的心智這個管道傳達給你。某位朋友在餐桌上對你說了一些不甚友善的話，而你被這些話傷害了；你原本享受著晚餐，但從這一刻起，你的胃口消失殆盡，這些話也是透過你的心智管道進入並影響了你。

就像路上有個年輕人拖著腳步蹣跚而行，然後被最微不足道的障礙物絆倒了。為什麼會這樣？因為他是個怯懦的傻瓜。換句話說，跌跌撞撞的心智狀態會產生跌跌撞撞的身體狀態。有堅定的心智，才有穩定的步伐；心智猶豫不定，步伐也會躊躇不決。

當緊急狀況突然出現，你站在那裡，恐懼到顫抖無力。為什麼你會動彈不得？為什麼你會膽戰心驚？然而，你竟相信心智對身體的影響微乎其微？有那麼一刻，你被一陣怒火沖昏了頭；幾小時之後，你開始抱怨自己頭痛劇烈。儘管如此，你似乎仍未意識到思想與情緒會對身體產生影響。

一、兩天之前，我與一位朋友談話時，我們說到了擔憂。

他說：「我的父親經常憂心忡忡。」

我回道：「你的父親不是一個健康的人。」

他又回答：「他不強壯、精力不充沛、沒有體力，也不積極活躍。」

接著，我繼續詳細描述他父親的狀況以及折磨他的疾病。

他驚訝地看著我說：「為什麼你會知道？你不認識我父親吧？」

「不認識。」我回答道。

「那你怎麼能如此準確地描述他所罹患的疾病？」

「因為你剛才告訴我，你的父親經常憂心忡忡。當你告訴我這一點時，就向我指出了原因；在描述你父親的狀況時，我只是將原因與其獨特的結果連結在一起。」

恐懼與擔憂會產生關閉身體管道的影響，使得生命力的流動緩慢而疲軟。

希望與平靜則會打開身體的管道，讓生命力得以經由管道彈回身體，也讓疾病難以在身體中立足。

• • •

不久前，一位女士向我的一位朋友傾訴，說她的身體出現了嚴重的狀況。我朋友碰巧知道這位女士與她姊妹的關係並不和睦融洽。他專心地傾聽她描述自己的疾病，然後，他直視著她的臉，以堅定、溫和的語氣對她說：「原諒你的姊妹。」

這位女士驚訝地看著他說：「我無法原諒我的姊妹。」

「那麼，你就繼續讓關節僵硬，讓類似風溼的病症繼續使你受苦吧。」他回答道。

數週後，我的朋友又見到了這位女士。

她邁著輕快的步伐走向他，說：「我聽從你的建議。我見了我的姊妹並原諒她，我們又成了好朋友，但不知何故，我記得從我們和解的那天開始，我的病症似乎就漸漸減輕，直到今日，以前難以處理的不適已經消失無蹤；而且說真的，我的姊妹與我現在的感情好到我們幾乎不能沒有彼此。」

看，我們再次證實了因與果的關係！

我們還有好幾個經過充分證實的案例，都是類似的情況：一位母親有片刻時間處於盛怒的情緒狀態，在她懷裡哺乳的孩子不到一個小時就夭折了；這是因為，在陣陣怒火中燒的情況下，身體系統的有毒分泌物成了母親的乳汁。在其他案例中，這種有毒的分泌物則導致了嚴重的疾病與抽搐痙攣。

一位知名的科學家曾多次進行下列的實驗：幾個人被安置於一間暖氣房中，每個人都會在片刻時間中受到某種強烈情緒的巨大影響及支配：一個人可能會滿腔怒火，其他人可能感受到其他不同的情緒。實驗者會從每個人身上取下一滴汗水，藉由審慎的化學分析，他便能確定每個人感受到的強烈情緒是哪一種；而他對每個人的唾液所進行的化學分析，則顯示出幾乎相同的結果。

有一位著名的美國作家是醫學院的優秀畢業生，曾經深入研究了建構身體與摧毀身體的力量分別為何。他說過以下的話。

心智是身體的天然保護者……每一種想法都會傾向於自我繁殖，疾病不適、好色淫蕩、各種邪惡的可怕心智圖像，都會給靈魂帶來淋巴結核與痲瘋病，然後在肉體上繁殖這些疾病。至於憤怒，則會將唾液的化學屬性改變成危害生命的毒藥。突然發生且急劇激烈的情緒，不僅可在數小時內使心臟衰弱，還會導致死亡與精神錯亂，這個事實早已眾所周知。

科學家還發現，一個人在深深的罪惡感下突然冒出的冷汗，與平常出汗的化學性質截然不同。有時，對罪犯汗液的化學分析可以用來確定其心智狀態；當罪犯的汗液接觸到硒酸，會出現一種獨一無二的粉紅色。眾所周知，恐懼已經導致成千上萬的受害者死亡；另一方面，勇氣則是一劑強大的振奮劑。

母親的怒氣可能會毒害哺乳中的孩子？知名的馴馬師雷瑞（Rarey）說道，一句憤怒的話有時會讓馬兒的脈搏在一分鐘內增加十下；如果對動物來說都是如此，那麼更不用說憤怒對人類的力量——尤其是之於孩童，不是嗎？強烈的心理情緒往往會導致嘔吐，極度的憤怒或恐懼可能導致黃疸，突然發作的暴怒則可能導致中風並且致死。的確，這樣的例子層出不窮，光是一夜的心理苦惱就能毀損一條生命。悲痛哀傷、經年累月的妒嫉猜疑、持續不斷的擔憂在意，以及深具腐蝕性的焦慮不安，有時會發展為精神錯亂或失常。病態的想法與不和諧的心境是疾病的自然氛圍，而犯罪活動則在心智的瘴氣溫床上滋生不息、蔓延猖獗。

從這一切當中，我們所得到的偉大事實，正是今日已經用科學方法來驗證的事實：不同的心理狀態、情緒及激情，都會對身體產生各自不同的獨特影響；若過度沉溺其中，每種心理狀態、情緒及激情都會輪流引發獨特的疾病形式，假以時日，這些疾病都會變成慢性病。

關於這些疾病的運作模式，只要一、兩句話即可解釋清楚。比方說，如果一個人有片刻被一陣暴怒所支配，這樣的情緒就會在物質的有機體上引發可稱之為「身體雷暴」的活動，從而產生酸化的分泌物，或者更確切地說，它們會腐蝕身體正常、健康、賦予生命的分泌物；因此，這些分泌物不再發揮原本的自然功能，而是變得有毒且深具破壞性。如果這種情況持續發展、程度劇烈，由於不斷累積下來的影響，這些毒素就會形成某種特定形式的疾病，而疾病又會變成慢性的病症。

另一方面，與這些心態與情緒相反的情感，即良善、愛、仁慈、善意，往往會刺激身體所有分泌物中健康、淨化、賦予生命成分的流動；身體的所有管道似乎都無拘無束地敞開了，生命力得以經由這些管道彈回身體。假以時日，這些充分展開、彈跳活動的活躍生命力，將會抵銷與它們相反的那些力量所帶來的有毒且致病的不良影響。

啟動身體療癒的過程

這天早上，一位醫生去看了一名病人，但他沒有開任何藥物給病人；事實上，光是他的看診就讓病人覺得好多了。他本身即具備了健康的精神，不但向病人傳達了爽朗愉快的語氣與意向，更為病房帶來了希望，並且把希望留在那裡。他本身所散發的振奮與激勵人心的情緒，對病人的心理產生了微妙而強大的影響；而被醫生感染的這種心理狀態，又會對病人的身體產生影響。因此，透過這種心理暗示的作用，療癒得以持續下去。

那麼，要知道舉凡讓人感到愉快、安詳平靜的事物，都能激勵心智，也能激勵身體。因此，凡人能感受到的、最充滿生氣的活動，就是希望、靈魂的香膏與生命之血。

我們有時會聽到某個身體虛弱、健康狀況不佳的人對另一個人這麼說：「你來的時候，我總是感覺好多了。」這句話背後蘊含著深刻的科學原因。

「智者的舌頭是醫人的良藥。」

就人類的心智而言，暗示的力量是一個最奇妙、最有趣的研究領域；最驚人、最強大的力量，得以藉由這股暗示力量的作用而開始啟動與運轉。有一位世界上最著名的科學家，亦被公認為現存最卓越的解剖學家之一告訴我們，他已經透過實驗室的實驗證明，整個人類結構可以在不到一年的時間內被完全改變、翻修，有些部位甚至在幾週之內就可以被完全改造。

有些人可能想問：「你的意思是說，身體可以經由內在力量的運作，從生病的狀態轉變成健康的狀態？」答案是肯定的。更重要的是，這是一種自然的療癒方法，至於運用醫藥、藥物以及外在媒介來治病，則是人工的方法。任何醫藥或藥物唯一能做的，就是移除障礙，讓生命的力量更能好好地發揮作用並完成工作。真正的療癒過程，必須透過內在生命力量的運作來進行。

有一位享譽國際的外科兼內科醫生，最近向醫界同僚發表了下列聲明：

過去的數個世代以來，在營養上發揮作用的最重要影響力就是「生命原理」，但它在醫學界始終是一項未被考慮、深受輕忽的因素；所有關於它的研究與治療的唯一趨勢，幾乎僅限於物質對心智的作用，但這嚴重妨礙了醫生本身的發展進化，從而使得其專業生涯中的心理因素仍處於初步或相對未發展的狀態。然而，隨著十九世紀的曙光乍現，人類總體上已朝著探索自然所隱藏之力量的方向前進；如今，醫生也不得不加入心理學學生的行列，並跟隨他們的個案進入更廣泛的心理治療領域。沒有時間拖延徘徊，也沒有時間懷疑、搖擺不定或猶豫不決，磨蹭拖延的人就被淘汰了，因為我們整個種族都參與了這項運動。

我很清楚，在我們現在思考的這個問題上，過去幾年內確實出現了許多相關的愚行。

人們提出許多荒謬、愚蠢的主張，甚至付諸實踐，但這些都無法推翻那潛藏的偉大法則，也與其毫不相干。同理，世上幾乎所有的倫理、哲學或宗教體系在早期皆有類似的情況，但隨著時間推移，這些愚蠢、荒謬之事已不復見，而偉大的永恆原理則得以愈發清晰明確地突顯出來。

我親身瞭解過許多實例，皆是經由這些力量的運作而獲得完全且永久的療癒，有些甚至是在極短時間內就取得了驚人的成效；而且其中有些案例，早已被常規的藥物治療完全放棄。

我們在各個時代、所有宗教中，都可以看大量此類案例的記載。那麼，為什麼如今我們就不該擁有這種存在我們之中的治癒力量呢？這種力量的確存在，只要我們能像過往的人們那樣，認知並承認那些偉大的法則，它就愈可能被實現。

一個人確實可以為另一個人的療癒做很多事，但這必然需要被治療者的合作。在基督的醫病之舉中，祂始終最需要的，就是求助於祂的人與祂合作；祂的問題幾乎始終是：

「你相信嗎？」藉此，祂激勵了被治癒者體內那股賦予生命的力量。如果一個人的身體狀況虛弱至極，或者他的神經系統已經疲憊不堪，又或者他的心智運作受到疾病影響而不復以往那般強健，那麼在短時間內，他最好能尋求他人的幫助與合作；但是，最理想的情況是，這個人能讓自己深切認識到他自身就擁有無所不能的內在力量。

一個人或許可以治癒另一個人，但人若想要永久的痊癒，必須自己親力親為來達成。就這一點來說，一個人最大的價值或許是成為一名良師，引導另一個人清楚地認識到內在力量的威力；然而，在任何情況下，想要獲得永久的痊癒，自我的努力絕對是必要的。基督的話幾乎不曾改變：「去罷，從此不要再犯罪了。」「你的罪赦了。」這指出一個永恆不變的事實——

所有疾病與隨之而來的苦難，都是違反至高法則的直接或間接結果，無論是在有意識或無意識、有意或無意的情況下。

只要罪惡繼續存在，苦難就會持續下去。罪惡不必然是神學意義上的罪，但往往是哲學意義上的罪，雖然很多時候是兩種意義兼而有之。一旦人們停止違反至高法則，並且與法則完全和諧共處，痛苦的根源就消失了。儘管他可能還得承受過去違反法則的累積影響，但當「因」消失了，就不會再有任何附加的影響產生；而且，一旦我們開始啟動正確的力量，過去因違反法則而引發的病症也會「開始」消退。

再沒有比一個人真切認識到自己與無限精神（一切萬物的生命）合而為一，能夠更快速、更完整地讓他與所實踐的至高法則和諧共處；在這樣的合一當中，不可能存在任何疾病。同時，再沒有比對此真理的全面認識，以及讓自我對這股神聖之流完全敞開，更容易清除掉累積在有機體中的障礙物——或者換句話說，清除存在於體內的疾病。「我必將我的靈放在你們裡面，你們就要活了。」

當一個人意識到他與無限精神合而為一，就會認知到自己是靈性的存在，而非只是肉體、物質的存在。

他不再錯將自己視為一個易受不適與疾病影響的身體，從而認識到以下事實——

他是靈性的存在，不僅現在，更是永遠如此，
他是現在暫居的這個身體的建造者，也是它的主人。

一旦他認識到自己身為主人的力量，就不再允許這個身體控制他了；他不再懼怕任何掌控或影響身體的元素或力量，雖然他曾經因為無知而允許它們這樣做。一旦他意識到自己擁有至高無上的控制權，便不再像過去無法與它們和諧共處時那樣懼怕它們，而是學會去愛它們，從而與它們和諧共處——又或者，他甚至可以命令它們與他和諧共處。他以前是奴隸，現在成了主人。一旦我們開始去愛一件事物，它就不會再為我們帶來傷害了。

如今，無數身體虛弱、深受病痛之苦的人只要給神一個機會善其事工，也可以變得強壯而健康。我要對這些人說的是，別將神聖之流拒於門外；做任何事都好，就是別拒絕它。對神聖之流敞開你自己，邀請它進入。你愈能對它敞開自己，它的湧流就愈能流貫並盈滿你的身體；這股力量是如此充滿生氣活力，以至於在它面前，原本支配身體的障礙物都會被清除殆盡。「因為得著他的，就得了生命，又得了醫全體的良藥。」

多日來，一股泥水緩緩流經一條溝槽，汙垢爛泥逐漸積累在溝槽側邊與底部，並且隨著泥水逐日流過而不斷積聚。改變它！打開溝槽，讓一股清澈晶瑩的活水奔流而過，不一會兒，即便是累積在它側邊與底部的陳年汙垢，也會被沖刷殆盡，溝槽變得乾乾淨淨、煥然一新，呈現出美好的一面，而非醜陋的一面。更重要的是，如今流經溝槽的水深具實用價值，因為對使用這些水的人來說，它是恢復精力、健康及力量的媒介。

你愈能意識到你與生命之無限精神合而為一，從而實現你潛在的可能性與力量，就愈能把疾病變成舒適、把不和諧變成和諧、把苦難和痛苦變成豐足的健康與力量。你愈能意識到自己的這種整體性、這種豐足的健康與力量，就愈能將它帶給所有與你接觸的人——我們必須記住，健康與疾病一樣深具感染性。

抱持著完美健康的想法

我聽到有人問，在這些真理的實際運用層面，有什麼具體方法能讓一個人保持並享受完美的身體健康；更重要的是，他可以治癒自己現在已有的疾病嗎？針對這個問題，我的答覆是：首要之務是指出其背後的偉大原則，而每個人都必須找出適合自己的方式來應用，因為一個人無法替其他人做好這件事。

首先，「一個人持續懷有完美健康的想法」這件事本身，就已經啟動生命力量的運作，假以時日，這些力量多少都會產生效果，讓人擁有完美的健康。而談到這項偉大原則，就其本質來看，顯然經由「領悟認識」的過程比經由「肯定斷言」的過程能實現更多成果——雖然對有些人來說，若干「肯定斷言」可能有助於他們「領悟認識」。

然而，你愈能對「自己與生命之無限精神（所有以個體形式出現的生命皆不斷源自於此）合而為一」產生深刻認識，並因為這層認知而對神聖之流敞開自己，就愈能啟動這種療癒的力量，遲早會讓身體達到健康與力量豐足充沛的狀態。當你認識到，這種生命之無限精神在本質上就不容許任何疾病存在，也體認到這就是你內在的生命，那麼，藉由認識到你與這樣的生命同出一源、並無二致，你就能對它充滿豐足的入口敞開自己；如此一來，罹患疾病的身體狀況（結果）便會對它絕對完美的力量做出反應。至於反應或快或慢，則完全取決於你自己。

有些人能夠對這項真理完整而徹底地敞開自己，以至於療癒可以即刻發生且永久維持。一個人對此真理的領悟程度有多深刻，往往可以抵銷類似程度的時間元素。不過，這種領悟必須是一種平靜、安寧、充滿期待的，而不能是懼怕、困擾、毫無期待的。此外，有些人是一點一滴逐漸領悟認識到這一點的。

透過實踐以下的練習，許多人會得到極大的幫助，另一些人則會得到完全的療癒：

帶著和平的心與熱愛所有人的心，進入內在自我的寧靜之地，抱持著這樣的想法：

「我與生命之無限精神，亦即生命的源頭合而為一。那麼，作為靈魂，我是一種靈性的存在；在我自己真正的本質中，並不容許任何疾病存在。如今，我敞開我的身體，這個疾病已在其中立足的身體；我毫無保留地敞開它，迎接這股無限生命之流，如今，即是當下，這股生命之流正湧入並流貫我的身體，療癒過程正在運作中。」充分意識到這一點，你就會開始感受到生命力賦予身體的一種激發、復甦，一道溫暖的光芒。相信療癒過程正在進行，相信這一點並保持堅信不移。

許多人滿心渴望某個事物，但內心期待的卻是另一種結果；
他們的渴望與期待背道而馳，
對邪惡力量的信心也大於對良善力量的信心，
因此他們的病況不會得到改善。

如果一個人可以經常擇定一段時間，專注於這種冥想、領悟、治療（或任何適合稱呼這項活動的用語），然後讓自己持續保持著這樣的心態，從而允許這股力量不斷地運作；那麼，他將驚訝地發現，他的身體會非常快速地以健康與和諧來取代原本的疾病與不和諧。不過，這其實並不值得大驚小怪，因為他只是在讓那全能的力量完成原本就該由它完成的事——不論如何，這股力量最終都會發揮作用。

如果一個人身體的某個特定部位有問題，除了全身之外，他還想對生命之流敞開這個特定的部位，他可以專注地想著這個特定部位。以這種方式將心念專注於身體的任何特定部位，就會刺激或增強生命力量在該部位的流動。

但我們必須始終牢記一點：不管我們可能因此達成什麼樣的療癒效果，除非「因」被去除，否則「果」無法真的永遠終結。換句話說，只要違反至高法則，時間久了就會導致疾病與痛苦。

我們所專注思考的這個真理，不僅會對罹患疾病的身體產生影響，甚至會為沒有問題的身體帶來更強勁的生命、活力及力量。這樣透過內在力量的運作、完全不靠外在媒介作用而得到療癒的案例，古今中外、世界各地經常可見，而且方法五花八門，或者更確切地說，是方法的名稱五花八門，但在它們背後的偉大法則如出一轍，至今從未改變。當大師把他的弟子們派出去時，他對他們的訓諭是去治癒病人與飽受折磨之人，同時也要教導人民，例如，早期教會的神父就擁有療癒的力量，簡言之，這是他們一部分的工作。

那麼，為什麼如今我們無法擁有他們當時擁有的力量呢？難道這些法則有什麼不同嗎？一點都沒有——法則完全相同。那麼，問題出在哪裡？很簡單，除了幾個罕見的例外，我們大多無法超越法則單純的字面意義，進入它真正的生命精神與力量；「因為那字句是叫人死，精意是叫人活。」每個真正活出自己（靈性）本質、突破法則單純字句意義，而進入真正生命精神所在的靈魂，將擁有以前那些人所擁有的相同力量；而當他擁有了這樣的力量，也會成為分享這股力量給他人的工具，因為他將成為那個促成行動、言語深具威信的人。

如今，我們發現，幾乎所有疾病與隨其而來的痛苦，都源自於扭曲的心理、情感狀態與情況。我們對任何事物所抱持的心理態度，決定了該事物對我們的影響；如果我們懼怕或敵視它，它就有可能對我們產生有害，甚至災難性的影響。如果我們能靜默地認知到，並且在內心確信我們的地位高於它，就能與它和諧共處。我們愈能成功做到這一點，它就愈無法對我們造成任何傷害。

任何疾病都無法進入或掌控我們的身體，除非它在其中找到與自身相對應的事物，使它得以生存於其中。同理，任何邪惡或不受歡迎的狀況亦無法進入我們的生命，除非我們的生命中已經存在著歡迎這些狀況進入、使其成真的相對應條件。請向內心尋找發生在自己身上所有事情的原因，而且愈快開始這麼做愈好，這是因為：我們愈快開始在自己內心創造出對應良善的條件，就會只有良善能夠進入我們的生命。

以我們的本質來說，我們本該成為掌控所有狀況的主人，但由於我們的無知，我們反而被各式各樣、不計其數的狀況所掌控。

我會怕灌進屋內的冷風嗎？那有什麼好怕的——不過是神之純淨空氣的一小股淨化氣

流，裡面沒有任何東西給我帶來憂煩苦惱、造成感冒或疾病。冷風之所以能影響我，只有在我自己讓這種可能性存在，並允許它的影響存在；我們必須區分「原因」與「表面看似導致結果的狀況」，灌進屋內的冷風本身，既不是原因，也不附帶任何原因。

例如，兩個坐在屋子裡的人，被同樣一陣灌進來的冷風吹拂，其中一人因吹風而生了病，另一個人不但沒有任何不便之感，反而很享受冷風的吹拂。

前者是被環境操控的人，他害怕冷風，在冷風面前蜷縮成一團，不斷想著冷風會對他造成什麼樣的傷害。他等於是為冷風打開了每一條通道，讓冷風揚長而入並完全掌控他；所以，這原本無害且有益的氣流為他帶來了傷害，但這傷害的力量卻是他自己賦予它的。

後者則認識到自己是環境的主人而不被環境所操控，因此，他並不擔心那灌進來的冷風，他讓自己與它和諧共處，自信肯定地面對它；他並未感受到它所帶來的任何不適，而是享受它。這陣冷風除了為他帶來外界的純淨、新鮮空氣，還幫助他變得更堅強，以面對未來類似性質的任何狀況。

如果冷風是原因，它應該會對兩個人都造成相同的結果；但事實並非如此，那就表示冷風並非一項原因，而是一種狀況，它帶給每個人的影響，依據它在每個人身上遇到的內在狀況而有所不同。

可憐的冷風啊！有數萬次，不，數百萬次，那些過於無知或不公允、無法正視自己弱點的人，把冷風當成了代罪羔羊；他們非但沒能成為至高無上的主人，反而繼續扮演著畏縮膽怯的奴隸。想想這意味著什麼！一個以永恆之神的形象創造出來的人，分享著祂的生命與力量，擁有與生俱來的支配權，卻在一陣賦予生命的純淨微風前感到恐懼、顫抖、畏縮。然而，代罪羔羊對我們來說再方便不過了，即便它為我們所做的唯一一件事，就是幫助我們不斷地自欺欺人。

要消除冷風經常給人帶來的不良影響，最好的方法就是先從內心產生一連串純淨、健康的狀態，從而改變一個人對冷風的心態。你要認識到以下事實：冷風本身沒有任何力量，它只擁有你賦予它的力量；因此，你讓自己與冷風和諧共處，也不再害怕坐在冷風之中；接著，請坐在冷風中幾次，讓自己變得更堅強；只要明智而審慎地對待它，每個人都可以輕鬆做到這一點。

「但是，倘若此人的身體纖弱、健康狀況不佳，或許特別容易受到冷風的影響呢？」你可以先稍微審慎些，別試圖一開始就讓自己承受最強的冷風，尤其是你自己還不認為你可以與之匹敵時——倘若你不認為自己可以與之匹敵，其實就意味著你仍然懼怕它。那調節萬物的至高無上原則——即良好的常識——必須運用在此處，就像在其他地方一樣。

如果我們擁有與生俱來的支配權，而且有些人已經做到此事的事實也證明了「一個人已經做到，遲早所有人都能做到」，那麼，我們就沒有必要活在任何物質媒介的掌控支配之下。我們愈能認識自己內在的力量，就愈能成為統治者並行使支配權；倘若我們未能認識這些內在的力量，就愈可能成為奴隸並接受支配。我們在內心發現什麼，就建造什麼；所有出現在我們周遭、發生在我們身上的事物，都是我們吸引過來的。這一切都依從靈性法則而運作，因為所有的自然法則皆為靈性法則。

人的一生由因果關係交織而成，其中沒有任何偶然的存在，即使在整個廣闊無垠的宇宙中亦復如是。

我們是否對自己生命中的一切深感不滿？那麼，該做的事並不是花時間抱怨我們所創造出來並稱之為「命運」的想像事物，而是檢視內心，改變運作於內心的原因，從而吸引性質截然不同的事物到來，因為那些會被吸引過來的事物，正是我們促成了它們的到來。這項法則不僅適用於肉體，更適用於生命的所有階段與狀況。

所有來到我們身邊的事物，都出自於我們的邀請；倘若我們並未有意識或無意識地邀請，這些事物都不能也不會到來。這一點對某些人來說，一開始可能很難相信，或甚至難以理解。但只要一個人能虛心坦率、不帶偏見地看待這項法則，從而深入探究思想力量之靜默、精微、全能的運作，就能追蹤這些力量在他內在與周遭所產生的影響，那麼，這項法則在他眼裡就會變得顯而易見、不言自明且極易理解。

無論一個人遭遇了什麼事，
他所受到的影響完全取決於他對這件事的心態。

這個或那個事件或狀況，是否造成你的煩惱？很好。它會造成你的煩惱、擾亂你的平靜，只因為這是你允許它這麼做的。每個人對自己與生俱來的支配權擁有絕對的掌控，但如果你自願將這項權力交給某人或某物，即使只有片刻時間，你都會成為被某人或某物所控制的產物。

為了不受短暫出現的事件干擾，你必須先找到自己的中心，然後穩固這個中心，進而從內心去掌控、支配這個世界。如果一個人不去限制及約束環境，就會讓過程反轉過來，變成被環境所限制及約束。找到你的中心並安住其中，別把它交給任何人、任何事物；你愈能做到這一點，就會發現在這個中心的自己變得愈來愈強大。但是，一個人要如何找到自己的中心呢？

方法就是，認識到他與無限力量合而為一，並且持續保持這樣的認識與覺知。

倘若你並未從自己的中心去掌控世界，反而是賦予這個或那個事物給你帶來煩惱、邪惡或傷害的力量，那麼，請接受它所帶來的一切，但停止責難萬物永恆的良善與仁慈。

我發誓地球必然是完整無缺的，
這對理應完整無缺的他或她來說是如此；
地球仍然崎嶇不平、支離破碎，
但只對崎嶇不平、支離破碎的人來說是如此。

恐懼和憂慮是病因

如果你靈魂的窗戶骯髒黯淡、布滿汙跡，而且覆蓋著它們不認識的陌生物質，那麼，當你從這些窗戶看出去時，那個世界對你來說就是骯髒黯淡、布滿汙跡、混亂不堪。然而，停止抱怨吧！把你的悲觀、你的「可憐而不幸的我」留給自己，免得洩漏出你的窗戶亟需某些事物的事實。但要知道，你的朋友讓他的窗戶保持乾淨，永恆的太陽會照亮他內在的一切，使他外在的一切清晰可見；要知道，他活在一個與你截然不同的世界。

所以，去擦洗你的窗戶吧！與其渴望另一個世界，你會發現這個世界的精采之美；如果你在這個世界到處都無法發現超然之美，可能在其他任何地方也找不到。

從詩人的眼中看出去，詩句就掛在莓果叢上；
當莎士比亞走過時，整條街道都成了化裝舞會。

光是經過就引起了如此騷動的莎士比亞，透過他創造的一個人物，說出了這樣的話：「親愛的布魯圖斯，這不是命運的錯，而是我們自己的錯，因為我們是下屬。」而他畢生的偉大成就即為最好的證明，顯示他已充分領悟到我們正在思考的事實真理；他也訴說了一個印證我們所思考之事的偉大真理：

我們的疑慮是叛徒，
讓我們因為懼怕嘗試，
而失去原本可以贏得的美好事物。

或許再沒有任何因素會像恐懼一樣，給我們帶來如此不樂見的情況。我們應該活在無所畏懼之中，而當我們充分認識自己之後，就不再懼怕了。有句古老的法國諺語這麼說：

你從一些悲痛中痊癒了，
最機敏鮮活的你仍然存活了下來；

但你忍受了多少痛苦的折磨，
卻是來自從未降臨的禍事。

恐懼與缺乏信念，兩者相生相伴。

如果你告訴我某人陷於恐懼中多深，我就可以告訴你他缺乏信念到什麼程度。恐懼是款待起來最昂貴的客人，憂慮也是如此：款待它們的費用是如此高昂，以至於沒有人負擔得起。我們邀請我們恐懼的事物到來，同理，出於另一種截然不同的心態，我們也邀請並吸引了我們渴望的影響與情況出現。受恐懼所支配的心智，不但為它所恐懼的那些事物敞開了大門，亦為它所恐懼的那些情況鋪好了實現之路。

有一天，一位東方的朝聖者遇到瘟疫。

「你要去哪裡？」朝聖者問道。
「我要去巴格達殺死五千人。」瘟疫回答道。
幾天後，這位朝聖者又遇到歸來的瘟疫。
「你告訴我，你要去巴格達殺死五千人，但你卻殺死了五萬人。」他說。
「不。」瘟疫答道：「正如我告訴你的，我只殺了五千人，其他人是被嚇死的。」

恐懼會癱瘓全身的所有肌肉，影響血液的流動，以及所有生命力量的正常與健康作用。恐懼會使身體僵硬、動彈不得、無力活動。

我們不僅會將自己所懼怕的事物往自己吸引過來，也會將我們內心所懼怕的情況吸引到他人身上。我們所做的這件事，與自己思想的強度，以及那些事物的敏感性質及其受我們的思想所影響的程度，皆成正比，儘管對他們與我們來說，這件事都是在不知不覺中、在無意識間發生的。

總的來說，孩童，尤其是極為年幼的孩童，對周遭的影響比成人更敏感，有些是名副其實的小小感光板，會將周遭的影響一五一十地記錄下來，並且在成長的過程中逐一體現。因此，照料他們的人應該謹慎地對待自己普遍的心態，尤其母親在懷孕時應該多加小心，因為她的每個念頭、每種心理狀態與情緒狀態，都會直接影響未出生的小生命。

父母要小心注意，
自己是否讓孩子（無論年幼或年長）處於恐懼的想法之中。

這種情況往往是在他們無意間因為焦慮而發生，有時候則是出於所謂的過度擔憂，而這跟漠不關心一樣糟。

我知道許多這種例子：一個孩子的腦海裡總是充滿恐懼的想法，生怕這種或那種情況會發生在他身上；於是，這些他所懼怕發生的情況，就被他吸引過來了。若非如此，這些事情可能根本就不會發生。我們的恐懼往往並無任何充分依據，倘若有依據，那麼採取截然相反的態度則是更明智的做法，這才能抵銷正在運作的力量，從而讓孩子保持在智慧與力量的思維中，讓他們得以應對並掌控這些狀況，而非反過來被狀況所掌控。

一、兩天前，有一位朋友跟我講述了他在這方面的親身經歷。

有一段時期，某個特定的習慣令他相當掙扎，他一直深陷於他的母親與他即將訂婚的年輕女士（訂婚本該在某段時間內完成，而具體時間則取決於他能否證明自己的掌控能力）帶給他的恐懼想法之中，也就是說，體質極為易感的他，不斷感受到她們的負面思維所帶來的沮喪、憂鬱、衰弱等影響。他總是能準確地辨識出她們對他的感覺，不斷地受到她們的恐懼、質問、猜疑所影響並被削弱；這一切都降低了他對自己力量的意識，並讓他對自己的努力深感氣餒。因此，她們不但沒能激發他的勇氣與力量，反而讓他更加深刻地體認到自己的軟弱與幾乎毫無價值的奮鬥。

這兩個深愛他的人，願意做任何事來幫助他獲得掌控權，但她們對思想力量之靜默、精微、不斷運作、洞察一切的能力一無所知；她們不但未能賦予他勇氣、增強他的力量，反倒讓他喪失了自身的勇氣與力量，還以外力讓他更加軟弱。如此一來，這場戰鬥對他來說更是難上加難。

對任何人來說，不論是男女或孩童，恐懼、憂慮及所有類似心態的代價都過於高昂，我們不應持續或沉溺其中。恐懼會使健康的功能陷於癱瘓，擔憂會腐蝕並瓦解有機體，最終使其分崩離析；這類心態有百害而無一利，最終只會讓你失去一切，而任何損失所造成的長期悲痛也是如此。每一種心態都會招致其獨特類型的病症，過度貪得無厭、慳吝囤積成性，也會產生類似的影響。憤怒、妒嫉、惡意、吹毛求疵、欲求不滿，都會帶來各自獨特的侵損、弱化、崩毀的後果。

我們會發現，不僅幸福豐盛與公義相伴相生，身體健康亦是如此。而所謂公義，即是與至高法則和諧共處。偉大的希伯來先知曾明確地闡述了生命奇妙的化學反應，他說道：「恆心為義的，必得生命。追求邪惡的，必致死亡。」換言之，「在公義的道上有生命，其路之中，並無死亡。」總有一天，我們將會發現這項意義超乎大多數人迄今尚無法理解的想像。「這取決於每個人去決定他的靈魂是應該安住於日益富麗堂皇、莊嚴宏偉的豪宅中，還是應該安住在他自己建造的，破敗腐朽且終被棄置的茅屋中。」

這世上有無數的人一直過著一面倒的不均衡生活，並且年復一年地受到這些影響而過早衰敗、每況愈下。可憐、不幸的房舍啊！這些房舍本該成為華美的殿堂，卻因承租房客的無知、魯莽、瞞騙而淪落成荒涼的廢墟。可憐的房舍啊！

對思想力量之能耐的嚴密觀察者、謹慎小心的研究者，很快就能解讀一些普遍心態與健康狀況所顯露出來的聲音、動作、特徵及影響。又或者，如果他被告知了普遍心態與健康狀況，就能描述出相關的聲音、動作、特徵，並概括描述出具備上述特點的人有什麼特殊身體疾病。

年老體衰並非必然

深具權威的專家告訴我們，關於人體、人體結構以及人體發育成熟所需時間的研究資料，與各種動物的身體發育成熟所需時間以及相對應的壽命相比，揭示了以下這個事實：人體的自然年齡應該接近一百二十歲，而不是我們如今常見的數字。但是，想想我們周遭有那麼多人的身體都在老化、衰弱、崩毀，以至於早在達到本該長久而健壯的中年階段之前，就不得不忍痛放棄自己的身體。

因此，自然的壽命年限被縮短了，並形成我們所謂的種族信念，這種縮短的期限成了自然的期限，導致許多人在接近某個特定年齡時，便將人們在這個階段開始顯露出衰老跡象、崩毀、走下坡的現象，視為理所當然的常規慣例，並認為自己也必然如此；由於懷抱這種心態，很多時候，他們早在這些狀況必得發生之前，就把它們吸引過來了。

在人類身體的建構與重建之過程中，心智的影響十分微妙而強大；隨著我們對此原理了解得愈來愈深入，或許滿懷期待與喜悅地邁入一百十幾歲的高壽，將會成為人們的另一個慣例。

此刻，我想起一位年逾八十歲的女性朋友。大多數人都會稱呼她為老太太，尤其是那些以一個人出生以來經歷過數載歲月來衡量年齡的人；但是，說這位朋友老，就好像把黑說成白。我很高興或很抱歉地說（取決於不同觀點），她的年紀看起來並不比一名二十五歲的女孩大，甚至比許多這個年紀的女孩來得更年輕。

她在所有人與所有事物之中，都能發現它們的美好；無論在哪裡，她都能發現美好良善的人事物。她活潑開朗的性情與嗓音，不但把所有人都吸引過來，更讓她對所有人都深具美好的吸引力，這也成為她畢生的特質；這些年來，她的特質又為成千上萬人帶來了光明、希望、勇氣及力量，而且在未來的許多年中，她仍然會繼續這麼做。

沒有任何恐懼、擔憂、憎恨、妒嫉、憂傷、苦惱或對不義之財的貪婪抓取，能夠進入她的思維領域，因此，她的心智得以不受這些不正常的狀態與情況所影響，她的身體外形也並未顯現出大多數人所背負的各種身體疾病重擔；而大多數人都無知地認為他們會生這些病很自然，他們應該要生病才符合「萬物的永恆秩序」。

她的人生歷練豐富、多采多姿，如果她跟大多數人一樣無知，就會讓所有的這些狀態輕易地進入她的心智領域，從而進入她的生命之中。反之，她有足夠的智慧能認清這項事實：她是統治者，至少在她的心智國度是如此；她可以決定什麼能進入，什麼不能進入此地。此外，她知道只要決定了這一點，就決定了她生命的所有條件與狀態。

看她帶著開朗快活的性情，邁著充滿青春活力的步伐，發出歡樂喜悅的笑聲到處走動，著實是一件鼓舞人心的樂事。當莎士比亞說「**心靈豐富形體**」時，他確實知道自己在說什麼。

最近，我欣喜地看到她在街上走動，停下來加入一群在路邊玩耍的孩子，並跟他們閒聊起來，接著，她稍稍加快腳步，趕上背負著一包衣物的洗衣婦並跟對方說說話，然後又停下腳步跟剛剛下班、手提晚餐飯盒的勞工聊了幾句，並且回應了馬車上那位對她打招呼的女士；她以這樣的方式，把自己豐富多彩的生命分享給跟她接觸過的每個人。

當我還在觀察她時，剛好有一位老太太從她身邊走過；這位老太太看起來真的很老，但以經歷的季節歲月來計算，這位老太太至少比她年輕了十到十五歲。儘管如此，老太太的身軀佝僂，關節與肌肉明顯僵硬；她的心情凝重、表情憂鬱，而黑色頭飾與厚重的面紗，無疑又使她的悲傷強化了好幾倍，看起來更加陰鬱黯淡。

老太太藉由這種野蠻時代的遺俗裝扮，結合自己的心情與外表，不斷地向世人宣告兩件事，第一件是她個人的悲痛與不幸，她以這種方式讓這些情緒鮮活地在心中不斷上演；第二件則是她對事物永恆的良善美好、對無限之父的愛與永恆良善皆缺乏信心。

她滿心只想到自己的病痛、悲傷及不幸，對那些與她擦肩而過或者有所接觸的人，她既未從他們之中獲取，亦未給予他們任何喜悅、希望、勇氣或有價值的事物；反之，她給予所有人暗示，並且強化了所有人心中那些在人類生活中極其普遍的心態。

當她經過我們這位朋友的身邊時，你可以注意到她略微偏過頭來，加上她臉上不以為然的表情，似乎道出了她的想法：你的裝扮與舉止並不怎麼符合你這個年齡的女士該有的模樣。感謝神，感謝它們並不符合；願祂以偉大的良善與愛，為我們帶來無數這類罕見的同伴，更願他們可以活上一千年以賜福人類，用他們高貴的生命把賦予生命的影響，分享給周遭無數亟需幫助的人。

你是否能永遠保持年輕？你是否能將年輕時的興高采烈與開朗活力帶入成熟時期？你只需要關心一件事：你如何活在你的思維世界之中——這決定了一切！鼓舞人心的佛陀喬達摩．悉達多（Gautama Siddhârtha）曾說：「一切唯心造；你會成為你所想的那種人。」拉斯金（Ruskin）也想到同一件事，他說：「要為自己築起充滿愉悅思維的舒適巢穴。我們不知道這一點，因為沒有人在年輕時被教導過這件事：我們用美好思維建造起來的仙境宮殿，經得起所有逆境的考驗。」

你的身體是否仍保有年輕時的靈活彈性、力量，以及美好的一切？那麼，讓這些鮮明地活在你的心智之中，別為不純淨的想法預留空間；如此一來，你就能將這一切具體地顯現於外在的身體。

你愈能讓思維保持年輕，你的身體就愈能保持年輕；而你會發現，你的身體會反過來協助你的心智；就像心智幫助身體，身體也會幫助心智。

你不斷地建構，並將最類似於你所抱持的想法與情感狀態外化到你的身體。而且，你不僅從內在建構，更不斷地從外在汲取性質相同的力量；你特定的思維方式，使你與外在類似的思維狀態建立連結。倘若你的思維是開朗歡快、充滿希望、令人振奮，就能讓自己與這類性質的思維建立連結；倘若你的思維是悲傷、恐懼、沮喪的，也會讓自己與這類狀態的思維產生連結。

如果後者是你的思維狀態，那麼，或許你已經無意識並逐漸地讓自己與其建立連結。你必須回歸並重拾部分童心本性，包括那種無憂無慮、令人振奮的歡快思維。

重拾童心本性吧！

一群玩耍的孩子，他們的心智無意識地專注於將一股歡快的思維朝自己的身體吸引過來。要是讓孩子獨自一人並剝奪了他的同伴，他很快就會變得悶悶不樂、行動遲緩；他與那股獨特思維的連結切斷了，如實地「不得其所」了（註：處於一個自己無法自在發揮的狀態）。

你必須重新喚回這股逐漸被關閉的歡快思維。你可能太過嚴肅或悲傷，或者太過沉浸在生活的重要大事之中；你可以保持歡樂快活，卻又不會顯得幼稚或傻氣。當你的心智不再專注於工作上時，反而會因為心情歡快而把事情做得更好。持續不斷的悲傷與嚴肅心情，只會導致不健康的結果；然而，許多人長期保持這樣的心情，使他們難以展露一絲笑容。

到了十八、二十歲，你開始與年輕時歡樂、快活的傾向漸行漸遠，轉而抓取生命中更為嚴肅的面向。你走入職場，多少承擔了一些憂惱、混亂及責任；或者，身為男人或女人，你進入了生命中某個充滿擔憂或煩惱的階段；又或者，你逐漸沉迷在某些商業遊戲中，沒有時間歡快地玩耍。接下來，隨著你與較年長的人往來，開始吸收他們的老舊觀念、機械般的思維方式，並對錯誤毫無疑問或不加質疑的接受。

在這一切之中，你敞開心去接受沉重的憂思，同時不知不覺地深陷其中，而這樣的想法已經具體地呈現於你的血肉外形；你身體的可見元素，是來自心智不可見元素所形成的沉澱或結晶。隨著歲月流逝，你會發現自己的動作變得僵硬、笨重，很難像十四歲時那般輕鬆地爬樹；你的心智不停地向你的身體發送這些沉重、無彈性的要素，從而造就了你現在的身體……

如果想要有所好轉，改變必須是漸進的，而且唯有導入一股來自內在、全面均衡發展的思維能量來作用在這個改變上，才能真正實現。也就是說，藉由請求至高力量以最好的方式來引導你，將心智從諸多不健康的想法（它們在不知不覺中習慣性地流入你的心智）轉移至更健康的想法上……

就像野獸一樣，過去人類種族的身體走向衰弱、崩壞，但情況不會永遠如此。靈性知識的提升，不但揭示了導致衰敗的原因，也揭示了如何利用至高法則或力量來改善健康、建構體質，不斷更新身體並賦予它愈來愈大的力量——而非像過去一樣盲目地使用法則或力量，導致身體衰弱，終至摧毀它們。

減少對身體的關注

充實、富足、豐沛的健康，是生命正常而自然的狀態；任何其他情況都是反常的狀態，而反常的狀態通常是來自顛倒曲解。神從未創造出病痛、苦難及疾病，這些都是人類自己的造物，來自人類違反了自己所依存的至高法則。我們對這些病苦如此習以為常，即便我們不認為它們是自然正常的，也會逐漸將它們視為是理所當然之事。

有一天，醫生的工作將不再只是治療並試圖治癒身體，而是療癒心靈進而治癒身體。換句話說，真正的醫生是一位導師，他的工作是讓人們保持健康，而非在人們患病之後才試圖讓人們恢復健康。更甚者，有一天，每個人都會成為自己的醫生，我們愈能與至高法則和諧共處、愈發熟悉心智與心靈的力量，就愈能減少對身體的關注——不是較不去關心，而是較不去關注。

如今，倘若身體的主人可以對他們的身體少一些思慮與關注，有數以千計的身體可以被照顧得更好；通常，那些最不關注自己身體的人，身體反而最健康。許多人由於給予了身體不正常的思慮與關注，因此持續處於不健康的狀態。

給予身體所需的營養、運動、新鮮空氣、陽光，並讓它保持乾淨，然後盡可能不去思慮它，想得愈少愈好。你的思緒與談話別老是駐留在消極的負面，別老是談論生病與疾病；談論這些，你不僅會傷害自己，還會傷害那些聽你說話的人。

多去談論那些讓人們聽了會變得更好的事情，如此一來，你會用健康與力量感染他們，而非衰弱與疾病。

停駐在消極的負面思緒深具破壞性，對身體來說是如此，對其他所有事情來說也是如此。在這種關聯性上，以下這段話深具特別的意義與價值，它出自一位受過完善訓練，並對內在力量的動力具備了廣泛研究與觀察的醫生之口：

> 我們永遠無法藉由苦苦思索疾病來獲得健康，就像是我們無法藉由老是想著不完美來臻至完美，或是藉由思索著爭吵不和來達成和諧。我們應該在心中保持著健康與和諧的至高理想……

永遠別肯定地斷言或重複述說那些你不希望成為事實的健康狀況，別苦苦思慮你的疾病或研究你的症狀；也別讓你自己相信，你並不是能完全掌控自己的主人。堅決地肯定你對身體疾病的優越掌控權，別承認你自己是任何次等力量的奴隸……

我會教導孩子們從小就要利用健康的思考習慣、崇高的思維及純淨的生活，在自己與疾病之間建立一道堅固的屏障；我會教導孩子們驅走所有關於死亡的想法、所有疾病的印象，所有憎恨、惡意、報復、妒嫉及肉慾等不和諧的情感，如此一來，即可驅除作惡的誘惑。我會教導他們，有害的食物、飲料、空氣都會導致血液生病，生病的血液會導致壞死的組織、肌肉及敗壞的道德。

我會教導他們，健康的思想對健康的身體來說至關緊要，正如純潔的思想對潔淨的生活亦是如此。我會教導他們養成堅強的意志力，盡一切可能、鼓起勇氣去抵禦生活中的敵人。我會教導病患抱持希望與信心，並保持歡快的心情。唯一真正能限制我們潛力的，就是我們的想法與想像力；沒有人的成功或健康可以超越他的自信，而我們往往會豎立起自己的障礙物。

同類的人事物會產生同類的宇宙。憎恨、妒嫉、惡意、猜忌、報復都有其產物，每一種有害的想法都會滋生其他想法，而且都會不斷滋生下去，持續自我複製，直到我們的世界充斥著它們的產物。

在未來，真正的醫生與父母不會用藥物來治療身體，甚至不會用原則來強化心智。未來的母親會教導她的孩子，以世界上最偉大的萬靈丹——愛來消弭憤怒、憎恨、惡意的狂熱；而未來的醫生會教導人們培養歡樂、善意、高貴的作為，因為健康的補藥亦是心的補藥，而喜樂的心乃是良藥。

你的身體健康狀態與你的心智健康及力量如出一轍，皆取決於你讓自己與什麼事物建立連結。從本質上來說，這種生命之無限精神、萬物之源頭，不容許任何衰敗與疾病的存在。只要充分而完整、充滿活力、有意識地去認識你與無限生命合而為一，向無限生命的豐饒入口敞開自己，完美豐足、不斷煥然一新的身體健康與力量便將屬於你。

良善總是能戰勝邪惡，
健康踱步於痛苦踐踏之處；
「因為他怎樣思量，他為人就是怎樣。」
既然如此，不妨起身與神一起思量。

這件事可以用一句話來總結：「神良善美好，你也是如此。」你必須認識到你的真實存在的這項事實。當你終於覺醒時，就會擁有力量去決定什麼樣的健康狀態可外顯於你的身體。你必須認知並了解到你自己與無限精神實為一體，神的旨意就是你的意志，而且「在神凡事都能」。當我們能保持這種一體性的認知，從而擺脫所有的分離感時，不僅身體的疾病與弱點會消失無影，各方面的侷限也都將不復存在。

因此，「又要以耶和華為樂，他就將你心裡所求的賜給你。」然後你會覺得自己一整天都想要高聲呼喊，「用繩量給我的地界，坐落在佳美之處，我的產業實在美好。」

你相信未來會有好事發生在你身上，但不妨拋開這個念頭，現在就開始去認清你的真實生命，現在就開始去擁有並實現這些好事。

切記，像你這般具備了高貴傳承的人，足以擁有最美好的一切。

我們買的麵包只是灰燼，
我們買的葡萄酒摻了太多的水；
給我真正的食物——
它的茂盛綠葉與蔓生卷鬚
盤捲於天國的銀白群山之間，
沾滿了永恆的露水。

4

愛的秘密、力量與影響

這是「無限愛之精神」，當我們認知到自己與它合而為一時，就會盈滿了愛，只看到所有事物美好的一面。而當我們認識到自己與這股無限精神合而為一時，也會意識到，從某種意義上來說，我們彼此實為一體。當我們認知到這個事實，就不會去傷害任何人、任何事物；我們會發現，我們都是這個偉大主體的成員；身體只要有任何部位受傷，其他所有的部位也都會跟著受苦。

當我們充分認識到「萬物一體」的這個偉大事實，亦即所有生命都來自同一個無限源頭，每個個體的生命都是同一個生命，那麼偏見就會消失、憎恨也會停止；愛會不斷增長並占絕對優勢。如此一來，無論我們在何地、何時接觸到同伴，都能認出他們內在的神。因此，我們只會尋找美好的一面，而且會找到它。它的回報豐厚無比。

這個偉大真理的背後，潛藏了一項深奧的科學事實：「凡動刀的，必死在刀下。」當我們認識到思想力量的精微動力後，很快就會發現，一旦我們對他人抱持任何充滿憎恨或敵意的心念，他就會被這些來自我們的惡毒力量所影響，而相同的憎恨心念也會在他的心中蠢蠢欲動；於是，這些心念又會回到發送它們的人身上。那麼，當我們了解激情、憎恨或憤怒對身體的影響，就能明白這些心念是多麼有害，代價又是多麼高昂。同理，所有類似的心念或激情、妒嫉、苛求、猜忌、輕蔑，皆是如此。最終我們會發現，當我們對他人抱持這種性質的情感時，我們所遭受的痛苦總是比對方更多。

當我們充分認知到「自私是所有錯誤、罪孽、罪行的根源」，以及「無知是一切自私之舉的根基」，才能以仁慈寬厚來看待所有人的行為。無知者只會追求自己的目標，不惜以犧牲整體大局為代價，因此無知者亦為自私之人。真正的智者永遠不是自私之人，而是一位先知，他認知到，身為偉大主體的一員，他受益多少，就等同於整個主體受益多少，因此，他不會為自己尋求任何一樣事物，除非那樣事物是他希望全人類都能擁有的。

如果自私是所有錯誤、罪孽、罪行的源頭，無知則是所有自私的根基，而我們忠於自己內心那股至高無上的生命力量，如此一來，當我們看到出自這兩種特性的任何一種表現時，都會尋找並設法喚起所接觸的每個人內心良善的一面。

當神對神說話，神會回應，並展現出神的慈愛；而當魔鬼對魔鬼說話時，魔鬼也會回應，但魔鬼必要你付出代價。

認出每個人內心的神

有時，我會聽到有人這麼說：「我在他身上看不到任何好的一面。」看不到嗎？那麼你不是一個好的觀察者。深入觀察，你會發現每個人的靈魂中都有神的存在；但切記，只有神能認出另一個神。基督總是對最高尚、最忠誠、最美好的人說話，他知道並認得每個人心中的神，因為他會先認出自己心中的神；他與稅吏（註：稅吏在當時的文化語境中的形象是負面的）、罪人同席吃喝，而文士（Scribes）與法利賽人（Pharisees）對此的評論是，太可憎了。他們如此執迷於自己的自大、自滿與自我中心，導致了他們的無知；他們從未在自己身上找到神，因此也從未料想到，即便連稅吏與罪人的內心也有神的真實存在。

我們對一個人抱持邪惡或錯誤心念的程度愈高，帶給對方的邪惡與錯誤暗示也會愈強烈，而他的體質愈易感、愈不具個人特色，就愈容易受到他人思想力量的暗示所影響。

當我們在心中以邪惡或錯誤的想法看待他人時，可能也參與了對方所犯下的惡行。

同理，當我們對一個人抱持著正當、良善的心念，這些心念也會帶給他忠誠、正當、良善及真理的暗示；因此，我們對他的生命與作為就產生了最有益的影響。如果我們的心能散發愛給自己接觸的所有人，就能激發人們心中的愛；而同樣高貴而溫暖的愛，也會從那些被我們所激發的人身上回過頭來影響我們。

「如果你想讓全世界愛你，你得先去愛全世界。」這句箴言的背後潛藏了一項深奧的科學原理。

我們愈愛這世界，這世界就愈愛我們。

思想就是力量，每一種心念都會產生類似的心念，也會滿載與它相對應的結果而歸；心念，正是造成這些結果的原因。

那麼，讓你的秘密心念公平地運作——

它們扮演著重要的角色，

並參與形塑言語、塑造命運，

神的運作如此複雜難解。

有個朋友不斷以思維的形態發送他的愛：「親愛的大家，我愛你們。」他讓自己保持在這樣的心態中，而據我所知，這種方式是最好的做法。一個心念在返回發送者身上或煙消雲散之前，必然會先產生其後果；當我們認識到這個事實時，就能明白他是如何發送祝福；他不僅向所有與他接觸的人，更是向全世界發送。此外，這些充滿愛的心念以各種方式表現出來，並不斷從四面八方傳送回來給他。

就連動物也會感受到這些力量的影響。有些動物的體質比人類敏感得多，因此，牠們會比許多人更容易被我們的心念、心態、情緒所影響。所以，每當我們遇見一隻動物，可以對牠發送這些充滿愛的心念來幫助牠；無論我們只是抱持著這樣的心念，還是用言語表達出來，牠都感受得到其中的影響。值得注意的是，這些動物的反應非常迅速，也很容易表現出對我們的愛與關懷的感激之情。

行住坐臥於一個舉目所及皆為神的世界，是多麼榮幸的一項恩典，多麼愉快的一件樂事！你可以生活在這樣的一個世界裡，我也可以。這是因為，我們愈能理解這個事實，就愈能看出每個人的靈魂中只有神的存在；而當我們能在自己所遇見的每個人身上看見神的存在時，我們就活在這樣的世界裡。

當我們認知到神在每個人的內心時，也會愈來愈常幫助人們去喚醒祂。這是何等的殊榮，是你的殊榮，也是我的殊榮！

因此，我們不會對他人的偽善加以評斷，因為我們有能力超越不斷發展、改變、犯錯的自我，進而看到真實、不變、永恆的自我，並逐漸以神聖的完整之美展現出來；到那時候，我們也已經擴展到足以認清這個事實：當我們譴責他人時，這項舉動也讓我們譴責了自己。

這項認識讓我們心中充滿了如此豐沛的愛，以至於我們的愛不斷滿溢而出，所有與我們接觸的人都感受到了它的溫暖和賦予生命的力量；這些人反過來又會將同樣的愛回報給我們，如此循環往復，我們不斷地吸引來自四面八方的愛。

告訴我一個人的愛有多少，我就能告訴你他認識神的程度有多深；告訴我他的愛有多少，我就能告訴你他接受神的程度有多堅定；告訴我他的愛有多少，我就能告訴你他與天國（和諧的國度）的距離有多遠，因為「愛就完全了律法」。

從某種意義上來說，愛就是一切，愛就是生命的關鍵。

愛的影響力足以推動世界。活在對所有人充滿愛的心念中，你會吸引來所有人對你的愛；而活在惡意或憎恨的心念中，惡意或憎恨只會回到你身上。

因為邪惡之毒、惡意之箭宛如迴力鏢般返回，
帶來無法癒合的傷口，
以及狂暴燃燒的憤怒。

愛會激發更多的愛

你所抱持的每個心念都會發送出一股力量，而且每個心念都會帶回與其性質類似的心

念——這是一條永遠不變的至高法則。此外，你所抱持的每個心念，都會對你的身體產生直接的影響。

愛與其同性質的情感，都是正常而自然的情感，符合宇宙永恆的秩序，因為「神就是愛」；這些情感會為你的身體帶來賦予生命、促進健康的影響，此外，還可以讓你的容顏更美麗、豐富你的表達，並使你在各方面都更具吸引力。你愈能對所有人抱持充滿愛的心念，就愈能從他們身上得到相同的回報；這一切會對你的心智產生直接的影響，並經由你的心智來影響你的身體，就像是大量生命力從外部注入你的體內。然後，你不斷地將這些生命力融入你的精神生命與肉體生命當中，使你的生命因這些影響而豐富多彩。

憎恨與所有性質類似的情感，都是不自然、不正常、扭曲錯置的情感，脫離了與宇宙永恆秩序的和諧一致。倘若愛是至高法則的圓滿實現，那麼與愛對立的這些情感就是直接違反了法則；而違反法則必然會伴隨著某種形式的痛苦與苦難，這是無可避免的情況。

這種違反至高法則的特定形式會造成什麼結果？當你容許憤怒、憎恨、惡意、猜忌、妒嫉、批評或輕蔑的心念去支配一切時，它們會對有機體造成腐蝕與毒害，使其變得虛弱；倘若長此以往，它們所引起的特定疾病形式終將外顯出來，並讓有機體分崩離析。

更甚者，除了來自你自己心智的破壞性影響，你還不斷地召喚來自他人心智的相同影響，這些影響不但深具破壞力，還會增強你自己的破壞性影響，從而加速了有機體破碎崩解的過程。

因此，愛激發更多的愛，恨滋生更多的恨。愛與良善會促進身體的健康，使身體變強壯，而恨與惡意則會侵蝕及損害身體，使身體分裂崩解。愛「作了活的香氣叫人活」，而恨「作了死的香氣叫人死」。

忠誠之心，勇敢之念，純潔而真摯的靈魂，
把你最美好的事物獻給世界，
世界也會回報予你最美好的一切。

獻出愛，更多的愛會流入你的心，
成為你最需要時的一股力量；
保持信心，
無數顆心也將展現它們對你的言行充滿了信心。

我聽到有人說：「某人對我充滿敵意，但我對他並未抱持任何憎恨的想法與情感；所以，這並不是他成為我的敵人之原因吧？」或許是如此沒錯，如果你的心智與心靈中沒有任何敵對的本質存在，你可能沒什麼敵人。

確定你心中並無這樣的本質存在，但如果別人對你懷有敵意，而你對他的心態並不是導致此情況的明顯原因，那麼，不妨始終都以愛與善意的想法來應對這樣的狀況。如此一來，或許你就能抵銷它的作用，使它無法影響你，也無法傷害你。愛是正面而積極的，愛比恨更為強大，也總是能征服恨。

從另一方面來說，如果你以恨來回應恨，就只會加劇它。你在烈火上加油，讓火愈燒愈旺，讓有害的情況也愈演愈烈；最後，你什麼也得不到，反而會失去一切。藉著送出愛來回應恨，你能抵銷恨的作用，讓恨不僅無法影響你，甚至無法觸及你；更重要的是，這樣的做法遲早會讓你把敵人變成朋友。以恨來回應恨，你只會貶低自己；以愛來回應恨，你不僅讓自己昇華，更讓那個使你懷恨在心的人也一起昇華。

波斯的聖賢哲人曾說：「要以和善回應暴躁，以仁慈回應乖僻。溫柔的手可以用一根頭髮來牽動一頭大象。以和善來回應你的敵人，和平的相對是罪惡。」

佛教徒說：「如果有人愚蠢地錯待了我，我仍將回報不吝惜的愛，以作為保護；他作惡愈多，我行善愈多。」

中國人說：「智者以利報害。」

印度人說：「要以善報惡、以愛制嗔；恨永遠無法因為恨而平息，而是因為愛而平息。」

真正有智慧的男女，不會將任何人視為敵人。

我們有時候會聽到這樣的說法：「沒關係，我會向他討回公道。」你會嗎？你會怎麼做？你可以用兩種方式來報復他。

你可以按照你心中所想，用他對付你（或表面上對付你）的方式來對付他——亦即以其人之道還治其人之身；如果你這麼做，就是將自己降低到跟他一樣的水準來報復他，你們兩人都會因此而受苦。

又或者，你可以讓自己看得更遠大，以愛報恨、以仁報虐，將他提升到更高的水準來討回公道。

但請切記，助人與助己是一體的兩面、密不可分，如果你能做到不顧一己私慾，那麼在大多數情況下，這項舉動對你的價值將遠大於你為他人所提供的服務。

如果你準備以他對待你的方式來對待他，那麼顯然你的內心有著某些東西，吸引了他人對你產生憎恨及不當的對待；你得到的對待只是你應得的，你不該抱怨——如果你明智的話，你也不會抱怨。

藉由採取第二種方式的做法，你可以最有效地達成目的：你為自己贏得了勝利，同時也幫了他一個大忙，因為他顯然非常需要這樣的幫助。

因此，你可能會成為他的救星，而他反過頭來又可能成為其他犯了錯、進而為憂慮所累的男女之救星。許多時候，這其中的掙扎遠比我們所想像的還要艱難得多。在我們尋常的人類生活中，需要更多的和善、同情及慈悲；如此一來，我們既不會責備、歸咎，亦不會譴責、怪罪。我們會感同身受，而非責備或譴責，而且我們還會——

彼此安慰，
因為長路漫漫獨行，
雙足疲憊不堪，

心靈悲痛難當。
在肩荷沉重負擔，
看似無人聞問時，
我們幾乎忘了自己曾經如此歡快。

彼此安慰，
用溫柔的雙手來緊握，
用甜蜜的關愛來表現，
用友善的眼神來傳達。
別以矜持的優雅默默等待，
當日常生活的麵包碎掉了——
溫柔的言語往往宛如天賜甘露。

對所有人發送愛

當我們充分認識到「所有邪惡、錯誤、罪孽，以及隨其而來的一切苦難，都源自於無知」這項重要事實時，無論我們在哪裡、以何種形式看到這類表現，只要我們的心是在正確的位置，就會展現慈悲與同情，並對那些邪惡者、犯錯者、罪人或受苦的人懷有慈悲。然後，慈悲將會轉化為愛，而愛會以和善寬容的幫助來表露——這就是神聖的方法。因此，我們會扶持弱者，直到他能獨立自主，而不會去踐踏、打壓他。

但是，所有生命的成長都是從內而外的，當一個人對自己本質神性的認識，逐漸顯現於他的內在意識當中，從而使他愈來愈能掌握至高法則時，他就愈能成為真正的大師；除了藉由我們的生活方式來展現內在的神性，沒有任何方法可以如此有效地促成他人對其內在意識的覺醒。

透過榜樣，而非戒律；透過生活方式，而非布道說教；透過起而行，而非坐而言；透過生活中的實際身教，而非該如何生活的教條規定。沒有任何感染比日常生活的感染更具影響力。我們種什麼因，就得什麼果；種瓜得瓜，種豆得豆。我們不僅能以造成直接身體傷害的方式來殺人，還能以每一種充滿敵意的心念來殺人；因此，我們不僅殺人，在殺人的同時也自殺了。許多人因為一群人針對自己所產生的惡意心念而生了病，有些人甚至真的因此而死亡。把恨帶到世界上，我們會把世界變成真正的地獄；把愛帶到世界上，一個充滿美好與榮光的人間天堂就會成真。

不去愛就等於沒有好好活過，或者說像行屍走肉般地活著。

對所有人發送愛的生命，是充實、富足、愈來愈美麗、愈來愈強大的生命；這樣的生命會變得愈發寬宏大度、包容一切，因此它的範圍與影響也更加擴展。

當一個人的生命狀態更寬廣而有影響力，他（她）的愛與友誼就愈發寬宏而包容；反之，當他（她）的生命狀態愈狹隘，其本質只會愈發萎縮、衰退，並以「排他」為榮——自豪於自己的「獨一無二」。

任何人都可以是獨一無二的，即便是傻瓜或笨蛋也行，這再容易不過了。唯有生命內在寬廣的本質，才能做到普世包容，而這樣的普世包容也彰顯出他們生命的廣度、深度；而唯有本質狹隘、個人主義、自我中心、追逐私利的男女，才會「排他」；那些本質寬宏包容、高貴大方、不以自我為中心的男女，永遠不會是這樣的人。

本質狹隘的人不斷汲汲營營於成果，而本質寬容的人則不會這麼做；前者四處奔走以獲取人們的認可，融入周遭的世界，而後者只需待在家裡，就能把全世界朝他吸引過來；前者只愛他自己，後者愛全世界，而且在他對全世界更廣闊的愛中，他發現自己也被包括在內。

一個人愛得愈多，就愈接近神，因為神是「無限愛之精神」。

當我們認識到自己與這種無限精神的一體性時，神聖之愛便盈滿了我們，豐富我們的生活，使我們欣喜若狂，並從我們的生活中淌溢出來，從而豐富了全世界的生活。

當我們逐漸認識到自己與無限生命合而為一，就會同時被帶入與同伴所建立的正確關係，以及與偉大法則的和諧關係之中；我們發現，我們的生命開始全心服務他人。我們認識到，所有生命皆為一體，所以每個人都是這個偉大整體的一部分。然後我們會意識到，我們對他人做任何事的同時，也會對自己做出同樣的事；我們也意識到，我們無法傷害他人而不對自己造成傷害。

我們體悟到，孤獨地為自己而活的人，只能擁有渺小、萎縮、發育不良的生命，因為他並未參與人類廣袤無垠的生命。然而，一個為了服務他人而在更廣大生命中忘卻自我的人，他自己的生命將會被提升、被豐富了千倍或甚至百萬倍；這個更偉大整體的每位成員所擁有的全部喜悅、幸福、有價值的事物，他也會如實擁有，因為他參與了全體所有人的生命。

真正的服務

接下來，讓我們來談談何謂「真正的服務」。

有一天，彼得與約翰去到聖殿，一進門就遇上一名可憐的瘸子，向他們乞求施捨；彼得並未給他食物以滿足他的一天所需，然後讓他日復一日地處於同樣的依賴狀態，而是為他、也為全人類提供了一項真正的服務。他說道：「金銀我都沒有，只把我所有的給你。」然後，他使瘸子完整無缺。如此一來，彼得讓他處於可以幫助自己的狀態。

我們可以給予他人的最好服務，就是幫助他成功地幫助自己。

儘管並非絕對如此，但直接幫助他可能會削弱他的能力——這完全取決於各種不同的情況。但幫助一個人自助，絕不會削弱他，而是會鼓勵並強化他，因為這會引領他走向更廣闊、更強大的生命。

要幫助一個人自助，再沒有比「讓他認識自己」更好的方法；要讓一個人認識自己，再沒有比「讓他認識潛伏在自己靈魂中的力量」更好的方法；而要讓他更容易或更徹底地覺醒，並認識潛伏在自己靈魂中的力量，再沒有比「讓他有意識地、充滿活力地認識『他與無限生命及力量合而為一』這個真理」更好的方法了。如此一來，他就會對這股生命與力量敞開自己，而它也能透過這個人來運作並得到彰顯。

我們會發現，這些偉大的真理正是解決許多社會困境的根源所在；我們也會發現，除非我們充分認識這些真理，並視之為一切所思所為的根基，否則我們永遠無法得到全面而長久的解決方案。

5

智慧來自內在的啟發

這是「無限智慧之精神」，而我們愈能對它敞開自己，至高智慧就愈能夠對我們顯現，並且經由我們來彰顯它的存在。如此一來，我們可以直搗宇宙的核心、發現宇宙對大多數人類所隱藏的奧秘；對人們來說是隱藏的，但事實上，這些秘密本身並非隱而未顯。

為了獲取至高智慧與深刻洞見，我們必須對引導我們的神聖有絕對的信心，但並非透過他人的管道。我們為何要向他人尋求知識與智慧？神不會厚此薄彼。所以，我們為何要尋求二手的知識與智慧？我們為何要讓自己的內在力量變成無效？我們為何不直接探索無限源頭本身？「你們中間若有缺少智慧的，應當求神。」「他們尚未求告，我就應允。正說話的時候，我就垂聽。」

當我們直接探索無限源頭本身時，就不再是任何人、機構或書籍的奴隸了。對於來自這些媒介的真理建議，我們應該保持開放的心態；但是，我們應該將它們視為媒介而非源頭，而且永遠都不該將它們視為大師，充其量只是導師。

我們可與詩人暨劇作家羅伯特・白朗寧（Robert Browning）一起認識這項重要事實：

不論你相信與否，
真理就在我們心中，
而非來自外在的事物。
每個人的內心最深處都有一個中心，
真理正完好無缺地安住其中。

世界上再沒有比「忠於自己」更重要、內在意義更深刻的訓諭了！

換句話說，忠於你自己的靈魂，因為神的聲音透過你的靈魂對你說話。
這就是你內在的指引，就是「照亮每一個來到世上的人」的光，就是良知、直覺，就是至高自我的聲音、靈魂的聲音、神的聲音。「你必聽見後邊有聲音說，這是正路，要行在其間。」

當摩西在山上經歷了身體的種種劇烈混亂現象之後，他聽到了「微小的聲音」，那是他自己靈魂的聲音，是無限的上帝透過他的靈魂對他說話。如果我們只聽從直覺的聲音，它就會說得更清楚、更明白，直到它的指引逐漸變得絕對可靠、正確無誤。

我們最大的問題在於，我們不去傾聽、亦不去遵從內在靈魂的聲音。

於是，我們成了一幢自相分裂的房子；我們被東拉西扯、無所適從，永遠無法確定任何事。

我有一位朋友，他非常仔細地聆聽這種內在的聲音；也就是說，他總是迅速而徹底地按照他的直覺來行事，因此，他的生活全然依據直覺的引導，他總是可以在正確的時間、以正確的方式做正確的事。他永遠知道何時該行動，以及如何去行動，而且從來不會陷入「一幢自相分裂的房子」的狀態。

但有人會說：「如果我們總是依據直覺來行事，難道不會很危險嗎？倘若我們的直覺是叫我們去傷害某人呢？」然而，我們無須擔憂這一點，因為靈魂的聲音就是神的聲音，祂透過靈魂來對我們說話；祂永遠不會指引我們去傷害他人，也不會指引我們去做任何不符合最高正義、真理、公平之標準的事。如果你在任何時候接收到這種暗示或催促，要知道，這並不是直覺的聲音，而是小我的某種習性在慫恿你。

敞開自己，迎接真理來到內心

理性不應被置之不理，而是應該不斷接受至高靈性感知的啟發；理性被啟發的程度愈高，就愈能變成光與力量的媒介。當一個人被徹底個體化後，便進入了所有知識與智慧的領域；「被個體化」意味著承認以下這一點：除了萬物背後的無限力量之外，沒有任何其他力量的存在。

當一個人認識到這項偉大的事實，並對無限智慧之精神敞開自己時，便會踏上真正的教育之路；以前隱而不顯的奧秘，如今在他看來卻不言自明、顯而易見。這的確是所有真正教育的基礎，也就是從內在、從無限力量所涉及的一切之中進化發展。

只要我們願意對這種無限精神的聲音敞開自己，一切值得我們了解的事物都會來到我們身邊。如此一來，我們會成為先知，並擁有洞察事物核心本質的能力。即便沒有任何新的星辰、新的法則或力量存在，但我們可以對這種無限智慧之精神毫無保留地敞開自己；如此一來，我們就能發現並認識那些對我們來說尚屬未知的事物，因此，這些事物對我們來說就是嶄新的。當我們以這樣的方式來認識真理（truth），就不再需要那些不斷變化的事實（fact）。然後，我們可以進入自己內在自我的寧靜之域，可以打開窗戶往外看，按照自己的選擇來收集事實。這才是真正的智慧！

「智慧是對神的認識。」智慧源自於直覺，而且遠遠超越了知識。

僅憑藉極強的記憶力，我們可以獲取關於眾多事物的大量淵博知識，但這是靠學費累積出來的；智慧遠遠超越了知識，而知識只是這種深層智慧的偶發事件。

進入智慧之域的人，必須先讓自己放棄一切智識上的驕傲，讓自己宛如孩童。偏見、先入為主的成見與信念，始終是真正智慧的阻礙，而驕傲自滿的觀點總會帶來自我毀滅的影響……這些都擋住了通往真理的大門。

重點在於，我們看到來自宗教界、科學界、政治界及社交界的人們，因為智識的驕傲而深陷於自己的自滿與偏見之中，以至於愈來愈廣泛且豐富的真相啟示都無法進入他們的心中。

他們不但無法成長茁壯，還變得愈來愈矮小萎縮、發育不良，愈來愈無法接受真理。他們無法促進世界的進步，反而成了道路上的眾多死木，阻礙了進步的車輪前進。他們永遠無法前進，這樣的人終究會在時間的洪流中傷痕累累、破碎損壞，最終被棄若敝屣，而神的真理戰車卻在同時唱著凱旋之歌穩步前進中。

當蒸汽機還在實驗階段，尚未完善到足以投入實際運用之前，一位當時在科學界極為知名的英國人寫了一本廣為流傳的小冊子，證明蒸汽機永遠都不可能被用於遠洋航行，也就是涉及橫渡海洋的航程，因為絕不可能有任何船隻可以攜帶足夠的煤炭供蒸汽機的鍋爐使用。這件事最有趣的一點在於，第一艘從英國駛往美國的蒸汽輪船所乘載的貨物之中，就包括了這本小冊子的初版。當時只有一個版本，如今可能已經售出了許多版本。

這確實是一個引人發笑的事實；但更讓人覺得好笑的是，這個人是自願關上自己與真理之間的大門，只因為真理並非來自傳統、正統或迄今已被接受的管道；又或者因為真理可能不完全符合既定的習慣用法或信念，甚或可能與之截然不同、恰恰相反：

讓你的靈魂擁有多扇窗戶，

如此一來，宇宙的一切榮光會讓它更加美好。
屬於某扇甃腳信條的一片狹窄窗格，
無法捕捉燦爛四射的光芒，
那樣的光芒來自無數的源頭。
扯掉盲目崇拜的窗簾，
讓光芒從美麗的窗戶透入、流洩而下，
如真理般廣不可測，
如天堂般高不可攀……
調整你的耳朵，
全心傾聽星辰超脫塵世的音樂、大自然的聲音和你的心。
轉向真理與良善，
就像植物轉向陽光般自然。

一千隻看不見的手皆伸出援手來幫助你，
臻至它們的和平頂巔。
來自蒼穹的所有力量，都會鞏固你的實力。
不要懼怕拋開半真半假，以及擁抱完整事實。

關於真理的到來，有一條偉大的法則存在。當一個人因為智識的驕傲、先入為主的觀點、偏見歧視或任何其他原因，把自己封閉於真理的大門之外時，有一條偉大的法則是這麼說的：圓滿完整的真理，不會從任何源頭流往這樣的人心中。相對的，當一個人願意接受出自任何來源的真理、對真理的大門徹底敞開自己時，另一條同樣偉大的法則是這麼說的：真理會從四面八方的所有源頭，流往他或她的心中；如此一來，他們才能成為自由的男人、自由的女人，因為真理能讓他們獲得自由。至於前者，則仍然處於受束縛的奴役之中，因為真理並未受到他們的邀請，也不會進入它並未受到慷慨歡迎的所在。

當真理被禁止進入時，它所帶來的豐厚恩賜也無法安住其中，而當一個人拒絕真理，真理便會派遣一位使節，帶來身體、精神、智識層面上的萎縮、疾病和死亡。倘若一個人剝奪了他人對真理的自由無拘束的追尋、試圖充當他人真理的詮釋者，並且想要一直維持這樣的角色，而不是致力於引導他人成為他自己真理的詮釋者——比起小偷與強盜，你更應該遠遠避開這種人。這種人所造成的傷害更加巨大，因為他對所掌握的那個人的生命力造成了直接而實質的傷害。

有誰曾經指派任何人擔任神之無限真理的守護者、保管者及傳播者？

許多人確實受到感召而成為「真理的導師」，然而，真正的導師永遠不會想要替他人詮釋真理。

真正的導師，會致力於引導對方對自己、從而對自己內在力量有真正的認識，讓對方成為他自己的詮釋者。一般來說，其他所有人大多是受到個人動機、自我吹噓或個人利益所驅使；此外，那些聲稱掌握了所有真理及唯一真理的人，若不是偏執盲信者，就是傻瓜或無賴。

東方文學中有個關於青蛙的寓言故事。一隻青蛙住在一口井裡，而且從來沒離開過；有一天，一隻住在海中的青蛙剛好來到這口井，並且興味盎然地跳進了井中。

「你是誰？你住在哪裡？」井裡的青蛙問牠。

「我是某某，我的家在大海中。」

「大海？那是什麼？在哪裡？」

「它是一片非常遼闊的水域，距離這裡不遠。」

「你的海有多大？」

「噢，非常大。」

井底之蛙指著旁邊的一顆小石頭問：「跟這個一樣大嗎？」

「噢，比它大多了。」

井底之蛙又指著牠們正坐著的木板問：「跟這個一樣大嗎？」

「噢，大多了。」

「那麼，到底大多少呢？」井底之蛙問道。

「哎呀，我住的那片大海比你的整口井還要大，相當於數百萬口這樣的井。」

「胡說八道！胡說八道！你是個歪曲事實的騙子！滾出我的井！滾出我的井！我不想跟你這樣的青蛙有任何瓜葛！」井底之蛙回應道。

「你們必曉得真理，真理必叫你們得以自由。」這是神的承諾。你們若將真理拒於門外、視若無睹，就會活在自己的自滿自負之中；而你們的自滿自負，終將讓你們成為傻瓜與愚人。這樣的陳述適用於不少人，甚至適用於不少以自己的卓越智識之成就為傲的人。愚行會遏止心智的成長，而無論出於什麼原因將真理拒於門外，從而阻礙了成長，都會帶來某種愚行——儘管人們可能不會如此稱呼它。

另一種阻礙成長的愚行，是將所有事物視為理所當然，而不去親自證實，只因為這些事物來自某個特定的人、某本特定的書、某個特定機構的斷言或保證。這是由於人們總是往外尋找，而非往內檢視且忠於內心的那道光、小心照料那道光，讓它發出愈發清晰明亮的光芒。

就像勇敢無畏的詩人華特．惠特曼（Walt Whitman），我們都應該能這麼說：

從此刻起，我主宰自己不受羈絆與假想線的束縛，
往來隨心所欲，做自己完全絕對的主人。
傾聽他人，仔細斟酌他們所說的話，
停頓、探索、接受、沉思，

以溫和但無可爭辯的意志，擺脫那約束我的束縛。

令人欣喜的是，神的無限真理開放給所有人，

而且是平等開放給所有人。

人們愈發渴望真理並對其充分敞開，真理愈會如實地安住於他們心中。至於在日常生活中引導我們的智慧，只要我們認識到智慧「如何到來」的法則，並能明智地運用，那就沒有什麼是我們應該認知卻無法得知的正確與有益之事；它讓我們知道，只要我們明白如何活用一切，一切便皆為我們所有。

我將它視為永恆不變的法則，

沒有任何靈魂能動搖或偏離它的運作。

它就存在我們心中，
吸引來我們所需要或最應得到的一切。

如果我們不知道該朝哪個方向、該往哪條道路前進，錯誤其實出在我們自己身上；如果這是我們自己的錯，那麼糾正這種反常狀況的責任，也在於我們自己。如果我們能覺醒，並且始終對內心的這道光與力量保持覺醒，就永遠無須陷入這樣的狀態。這道光將永遠明亮閃耀、熠熠生輝，而我們唯一必須謹慎的一點，就是不讓任何事物阻擋在我們與這道光之間。「因為在你那裡，有生命的源頭。在你的光中，我們必得見光。」

讓我們聽聽我所知的一位深受啟迪之人所說的話，他在必要的時刻，從不會茫然於不知該做什麼或如何去做。

每當你無法肯定自己該往哪條道路前進時，在你求助於所有外在方法的指引之後，不妨用內在的眼睛去看、用內在的耳朵去聽，讓這個單純、自然、美好的過程不受任何質疑的阻礙，繼續運作……在所有黑暗茫然、異常困惑的時刻，我們需要遵循一個簡單的方向，而正如所有我們亟需的方向一樣，它可以在古老而珍貴的福音書中找到。遺憾的是，儘管有那麼多人讀過福音書，卻很少人能闡釋它：

「要進你的內屋，關上門。」

這是否意味著，我們必須真的讓自己置身於一間門上有鑰匙的私室？倘若如此，那麼這項指令就無法在戶外的陸地或海上被遵循；但是，基督熱愛湖泊與森林，遠勝於城市住屋中擁擠狹小的房間。此外，祂的勸誡是如此地無遠弗屆，我們不可能置身於地球上的任何地方或任何想像得到的處境之中，而無法遵循這些勸誡。

我們所見過最深具直覺能力的人之一，在城市裡的辦公室中有一張辦公桌，另外有好幾位男士也時常在此處辦公，經常大聲地談話。這位專注於自我的忠誠男士絲毫不受周遭各式各樣聲音的干擾，在深感困惑的時候，他會徹底拉上隱私的帷幔，完全包裹於自己的心靈光環之中，從而有效地擺脫所有使其分心的事物，彷彿他獨自一人置身於某種原始森林中。他將自己的難題以直接提問的形式帶入神秘的靜默之中，期待從中得到某個答案；他會保持完全的被動，直到得到答覆，而在多年的經驗中，他從來沒有一次讓自己感到失望或被導入歧途。

對真理的直覺認識，是滿足我們每日飢渴食慾的家常麵包，宛如沙漠中的天降甘露，日復一日充足地供應當日所需。我們必須刻不容緩地遵循這些直覺，因為我們對其來回斟酌得愈久，它們就會愈發晦澀費解；我們愈是遲疑不行動，就愈容易被出自世俗意志假象的矛盾道德空想所遮障，招致錯誤的印象，從而遮蔽了直覺。

宇宙法則設下了一個我們必須遵守的條件：拋開所有的願望，只留下了解真理的渴望，此外，還需有全然奉獻的決心，去追隨一經揭示即被明確感知為真理的事物，不允許任何其他情感與「對真理的全心熱愛」共享我們的內在心靈。

遵循這個方向，只渴望真理並立刻實踐真理的指引，別忘了期望與渴望就宛如新娘與新郎，永不可分。如此一來，你很快就會發現，你迄今為止黯淡無光的道路，已經沐浴在天國的神聖榮光下而愈發明亮閃耀。這是因為——當你的內在有天堂，所有外在的天堂都會不停歇地與之一起同心協力。

這或可稱為進入「靜默」之境，去感知神聖之光，並受這道照亮一切世人的光所引導；去傾聽，並由你自己的靈魂與高我的聲音所引導。

靈魂是神聖的，當我們允許它對無限精神敞開自己、展露無遺時，它就會對我們揭示一切。當人們背棄神聖之光，一切都會變得隱晦不顯。然而，沒有什麼事物是可以自我隱藏的；當靈性感官被打開時，它會超越身體感官與智識能力的所有限制。我們愈能擺脫它們所設定的限制，愈能了解所謂真實生命與無限生命實為一體，就愈能開始達到這樣的境界：在那裡，靈魂與高我的聲音會持續對我們說話，如果我們能遵循它的指引，它就永遠不會讓我們失望；如此一來，我們便可永遠獲得神聖的啟發與指引。

理解這一點並活在這樣的理解當中，並非意味著死後會上天堂，而是此時此刻、今天及每一天，都會活在天堂之中。

人類靈魂離不開這樣的指引。當我們轉向正確方向，這樣的指引就會宛如花朵綻放、風兒吹拂般簡單而自然地發生。你無法以金錢來購買它，或是以任何代價來換取它，它是一種只能等著人們來理解的狀態。世界各地的人們，不論是富人或窮人、國王或農民、主人或僕人，全都被視為平等的承繼者，因此，倘若農民先找到了它，那麼農民就能遠遠超越他的國王，過著更美好、充滿真實力量的生活；如果僕人先找到它，僕人也能過著遠遠超越主人的生活。

如果你想找到的不僅是這個世界，更是所有世界所知的最崇高、最圓滿、最充實豐富的生活，那麼，務必消弭你的生命與神的生命之間的分離隔閡之感，堅持你的一體性思維，即你與神合而為一。你愈能活在這樣的覺知中，就愈能深刻體認到你與神合而為一；隨著對生命的這種領悟與認識逐漸加深，你會發現，沒有任何好事會被拒於門外，因為所有的事都被囊括在這樣的認識之中了。如此一來，你無須畏懼，只需去做今日你的雙手該做之事，並準備好迎接明日的到來，知道明日將帶來明日身心靈生命的補給品。然而，切記，明日的補給直到明天來臨時才會需要。

睡眠中的指引

如果一個人願意讓自己完全信任這項法則的運作，法則就永遠不會令他失望；倘若對法則只有半心半意的信任，就會帶來不確定、不甚令人滿意的結果。再沒有比神更堅定穩固、更確實牢靠的事物了，祂永遠不會讓全心相信這項法則的人失望。

生命的秘密綿延不絕地存在於這樣的領悟與認識當中，無論一個人在做些什麼、置身何處、白天或黑夜、醒著或睡著；它在我們清醒時存在，睡著時亦然。在此，我們是否該考慮一些關於睡眠、關於在沉睡中接受指導與啟發的事實？

在睡眠的過程中，處於休息與靜謐狀態的只有我們的肉體，靈魂的生命與其所有的活動皆持續進行中。睡眠是大自然為了身體的修復、重建並汰換那些清醒時不斷產生的廢物，所提供的必需品；睡眠是大自然的偉大修復者。如果身體無法得到充足睡眠，以至於重建過程無法與消耗相抵，身體就會逐漸耗竭衰弱；在這種情況下，病痛或疾病就會更容易入侵身體。這也是為什麼當一個人的身體因缺乏睡眠而比其他時候都更加疲累不堪、精疲力盡時，會更容易感冒。相較於正常狀況下的身體，處於這種狀態下的身體更容易受到外界因素的影響；而當這些影響確實發生時，它們也總是先從身體較為虛弱的部位下手。

我們的身體是為了更崇高的目的而被賦予我們，
並非僅是為了我們平常用它們來做的事。

但在許多情況下，身體竟反客為主，成了我們的主人，偏離了這個更崇高的目的。我們愈能深入認識心智與心靈的至高力量，我們的身體就能透過心智與心靈的影響而變得愈發精微、輕盈，其構造與外形也愈發精緻美好。

那麼，由於心智在它自身以及與它相關的所有更高層次事物中找到了一座樂園，飲食過度及其他不良習性就會自然地消失；對於較難消化、較粗劣、較無營養價值的食物與飲料的渴望，也隨之煙消雲散；那類飲食包含了動物肉類、酒精飲品，以及所有會刺激身體與情慾的飲食，並不會讓身體與大腦變成強健、純淨、營養良好、持久耐用、富含纖維的狀態。

身體因而變得不再那麼臃腫沉重，構造與外形變得愈發精緻，身體的廢物就愈少、愈容易被汰換，也愈能保持在一種更規律正常、均衡平穩的狀態。在這種狀態下，身體的確不需要那麼多的睡眠；但即使保持相同的睡眠量，睡眠對這類性質較為精微的身體所產生的效用，也遠大於其他性質的身體。

當身體以這種方式變得愈發精微，也就是身體的進化過程加速時，它會回過頭來幫助心智與靈魂實現更高層次的感知與理解；因此，身體幫助心智，就如同心智建構身體一樣。毫無疑問，當白朗寧這麼說時，他想到的就是這個事實：

讓我們高喊：

「一切美好的事物都屬於我們，
而今，靈魂對肉體的幫助，
並不比肉體對靈魂的幫助更大。」

因此，睡眠是為了身體的休息與重建，靈魂並不需要休息。在睡夢中，當身體在休息時，靈魂生命卻跟身體在活動時一樣活躍。有些對靈魂活動有著深刻洞察的人說，我們在睡眠時旅行；有些人能回憶起他們在夢中到訪的地點景象、獲取的資訊、發生的事件，並將這些記憶帶回有意識的清醒時刻。大部分人則無法做到這一點，使得許多原本可以獲取的資訊都遺失了；然而，他們表示，依據我們對至高法則的理解程度，在睡眠中，我們有能力去到任何想去的地方，並將所有由此獲取的經驗帶回有意識的清醒時刻。

無論如何，這的確是事實；在睡眠中，我們有能力以完全正常而自然的方式，藉由如今大多數人已經錯失的內在之光、內在指示及成長，獲取許多深具價值的事物。

倘若將我們與無限精神連結在一起的靈魂生命，在身體休息時依然活躍運作，那麼，為何心智無法在一個人入睡、身體休息時引導各種情況，讓它持續接受來自靈魂的啟發，並將它所接收到的這一切帶回有意識的清醒時刻？這件事其實是可以做到的。

很多時候，來自靈魂的至高靈感皆是以這種方式出現，而這似乎再自然不過了，因為在睡眠之中，來自外部物質世界的溝通交流皆不復存在。那些在睡眠中依然孜孜不倦、受益良多的人，也在他們渴望的方向上獲得許多啟發之光。藉著讓心智在睡眠中持續運轉、直到特定的時間醒來（正如許多人所知，在特定的時刻醒來是可能做到的），清醒時無法解決的難題在睡眠中靈光一閃、豁然開朗了；這樣的情況不乏先例。

一位知名的記者朋友曾以這種方法完成一篇清晰而完整的延伸性新聞報導，而她經常尋求這種方式的協助。有一天傍晚，總編輯通知她第二天早上之前要寫好一篇文章，但這篇文章需要比平常更加留心，也需要相當豐富的專業知識與事實詳情。

問題是，她對這個範疇幾乎一無所知，而她致力於尋找相關資訊的所有努力，也看似完全落空了。

她著手進行，但她的能力彷彿在與她作對，讓她頻頻受挫，眼看就要一敗塗地。在近乎絕望中，她決定先放下一切，以一種讓自己能在睡眠中獲得最大幫助的方式想著這件事，然後倒頭就睡，並且一覺到天明。

當她醒來時，想到的第一件事就是前一晚的這項工作。她靜靜地在床上躺了幾分鐘，此時，那篇文章清楚地浮現在她的心智中，而且已經完整寫好。她在腦海中迅速地將這篇文章瀏覽一遍，然後起身，不等換好衣服，就先拿起筆，將腦海中的文章謄寫到紙上；她所扮演的角色，正是她自己的抄寫員。

心智會專心致志地沿著某個特定方向持續運作，直到另一個思維的目標對象把它帶往另一個方向。

在睡眠之中，只有身體處於安靜的狀態，心智與靈魂都十分活躍，因此，當一個人入睡時，那被賦予了特定方向的心智，就會沿著它被指引的方向繼續前進，而且假以時日還可以被訓練到以下的境界：將其活動運作的結果帶回有意識的清醒時刻。有些人很快就能獲得這類結果，其他人可能會花上久一點的時間，不過，安靜而持續的努力有助於提升這樣的能力。

那麼，根據心智吸引力量的法則，由於心智始終活躍，即便是在睡眠中，我們仍會將來自同質領域的影響力朝自己吸引過來，這些領域與我們睡前仍活躍的思緒密切相關。透過這種方式，我們可以讓自己與所選擇的各種影響連結起來，從而在睡眠過程中獲益。

與清醒時相比，我們在睡眠中的內在能力更加自由開放、樂於接受。

因此，當我們入睡時，必須對占據心智的思維性質更加當心留意，因為只有按照我們自己的思維順序所運行的事物，才會被我們吸引過來。這一切，完全由我們自己來掌控。

在睡眠中，我們對事物的接受度較高。同理，藉由理解並運用至高法則，我們能以這樣的方式更輕易地獲得許多價值，遠甚於讓身體感官對周遭物質世界完全敞開的時候。

許多人會發現遵循以下做法很有用：

當你渴望任何沿著特定方向（例如，關於某項不確定的行動）運行的光或資訊，也覺得這對你來說是正確且明智的光或資訊，那麼，就寢時請先讓你的心智對所有人保持和平與善意的心態，這能讓你進入一種和諧的狀態，從而為自己吸引來自外界的和平狀態。

接著，安歇在這股平靜感中，安寧、平靜地發送出你對所需的光或資訊的熱切渴望；要將所有的恐懼或不祥預感逐出你的心智，否則，光或資訊就不會到來，因為「你們得力在乎平靜安穩」。保持期望的心態，堅信並期待當你醒來時就會得到渴望的結果。

然後當你醒來時，在任何來自外界的想法或活動進入你的心智、分散你的專注力之前，先等待一陣子，接受此時出現的直覺或印象；當它們出現並清晰地顯現出來時，就毫不遲疑地根據它們來採取行動。你愈能這麼做，在這方面的能力就愈能有效地日益茁壯、成長。

又或者，出於某個無私的目的，你渴望提升並開發某種能力或強化身體的健康與力量，那麼，請採取跟你的需求和渴望相對應的心態，這種心態的具體形式，將會依據你特定的需求或渴望自然浮現。如此一來，你將會對促成這些結果的特定秩序之力量敞開自己，並與之建立連結，從而開始在你的內在啟動它去發揮作用。

不要怕說出你的渴望！

你以這樣的方式啟動了力量的振動與共鳴，使其向外發送，並使其在某些地方產生影響、激發行動或結合其他力量，準備好實現你的渴望。

對於任何能夠與至高法則及力量和諧共處的人來說，所有的好處都會留給他們；而對於任何被賦予這些力量、了解它們，並且能夠明智地運用的人來說，他們所有的渴望都會被滿足。

你的睡眠會變得更加安穩平靜，令你神清氣爽、煥然一新。光是在睡眠中發送出對所有人的愛與善意、平靜與和諧的心念，你的身心靈力量就會得到提升。藉由這樣的方式，你讓自己與宇宙中所有促成平靜與和諧的力量建立起連結。

一位因致力於人道志業而聞名於世界的朋友告訴我，他多次在半夜突然醒來，接著靈光一閃，想出某個與工作有關的計畫；當他靜靜地躺在床上，毫不保留地敞開自己，擁抱乍現的靈光之時，成功實現計畫的方法就會在他眼前清楚展露。

藉由這樣的方式，許多計畫得以展開並且大獲全勝；若非如此，他永遠想不到這些令全世界驚歎不已的計畫。

我這位朋友有著易感體質，與至高法則全然和諧地共處，並且全心全意、毫無保留地奉獻給他所致力的志業。他並不完全明白這些靈感是如何產生以及從何而來——或許沒有人會明白，儘管每個人可能都有自己的一套理論。但是，對與至高法則和諧共處並對這些法則敞開自己的人來說，我們知道的是：這樣的事確實會發生，至高秩序的願景與靈感將會隨著我們為其創造適當的條件而出現。某位深入研究這個主題的人曾說道：

身體在睡眠中休息時接受靈性層面的訓練，是一種完全正常且井然有序的經驗，而且必然會在所有人的生活中發生且令人深感滿意，前提是我們可以提升對內在的關注，從而降低對外在狀態及其看似必要卻不切實際的必需品之關注……

我們的想法造就了我們現在與未來的模樣，而這些想法在夜晚往往比在白天更加忙碌，因為我們在外在世界中入睡之後，隨即可在內在世界中醒來；這個看不見的世界其實是一個真實的所在，其條件完全由心智與道德水準所掌控。

當我們不透過外在感官的途徑獲取資訊時，就會從內在的感知管道接受指示。當人們真正理解這項事實的價值後，將會普遍養成一種習慣：把自己最熱切渴望獲取指示的議題帶入睡夢中。法老王之類的人會做夢，他的僕役長與麵包師也會做夢；但約瑟（Joseph）之類的人是真正有天賦的先知，他既會做夢，亦會加以解讀。

但是，為何法老王之類的人沒有能力解讀他的夢？為何約瑟之類的人是「真正有天賦的先知」？為何他不僅會做夢，還有能力解讀他自己的夢以及他人的夢？我們得先理解這兩種人的生活。

解讀者所提供的解讀必須淺顯易懂，畢竟活出有影響力的人生才是真正的力量。一個人的生活愈充實，不僅愈能讓自己獲取至高力量與喜悅，也愈能為全世界提供更重要、更美好的服務。

一個人無須待在地獄中，除非他自己選擇如此；而當他選擇不再留下來時，宇宙中所有的力量都無法阻止他離開。一個人也可以上升到任何他自己所選擇的天堂，而當他選擇上天堂時，宇宙中所有至高力量都會聯合起來，幫助他朝天堂的方向前進。

每個清晨都是一個嶄新的開始

當一個人從睡眠中醒來並逐漸恢復意識時，正處於一種特別樂於接受並易受影響的狀態。這時，心智與物質世界的所有聯繫暫時都被切斷、隔絕在外，處於一種更自由、更自然的狀態，有點像是靈敏的感光板，所有的印象都能輕易地在上面留下痕跡。這就是為什麼許多時候，最強烈、最真實的印象都會在清晨時分出現，亦即在一天的活動與隨之而來的令人分心事物開始發揮影響力之前。這也是為什麼許多人在一天當中的清晨時分工作表現最佳或效率最高的原因之一。

這一點對於形塑我們的日常生活來說，是最有價值的一項事實。此時，心智宛如一張白紙；我們可以藉由明智地引導心智活動沿著最強烈渴望、最令人滿意的路徑前進，從而利用這段安靜、樂於接受、易受影響的時間，來讓自己獲益最多，這可以說是為這一天設定了步調。

每個清晨都是一個嶄新的開始。可以說，我們的人生才剛開始，我們完全可以將它掌握在自己手中。當清晨帶著嶄新的開始到來時，所有的昨天都應該只是昨天，對我們來說已無關緊要；只要知道我們昨天的生活方式決定了我們的今天，即已足夠。同理，當清晨帶著嶄新的開始到來時，所有的明天都應該只是明天，對我們來說也無關緊要，只要知道我們今天的生活方式決定了我們的明天，亦已足夠。

每天都是一個嶄新的開始，
每個清晨都會帶來一個全新的世界；
你厭倦了悲傷與罪孽，

這是給你的一個美好希望，
帶給我希望，也帶給你希望。

過去之事已經過去，
該做的已完成，
該哭的也已流淚，
昨天的過錯就留給昨天去彌補，
昨天的傷口，痛苦難當、血流如注，
都被已經蛻變的痊癒所治癒。

讓一切過去吧，因為我們無法救過補闕，
做過的無法抹去，也無法彌補；

仁慈悲憫的神會接納並寬恕它們！
只有新的一天屬於我們自己。
今天屬於我們，只有今天。

此時，光可鑑人的天空鮮明耀眼，
此時，消耗殆盡的大地再現生機，
此時，疲憊的四肢輕快地一躍而起，
迎向曙光，浸潤在聖油般的露水與冷冽的破曉中，
與清晨一起分享這燦爛的朝陽。

每天都是一個嶄新的開始，
我的靈魂啊，傾聽那喜樂佳音的合唱，

儘管有往昔的悲傷、舊日的罪孽，
還有預料之中的難題、可能遭遇的痛苦，
這一天，振作起來，重新開始。

一個小時、一個小時練習與至高至善者合作

就從這新的一天的第一個小時開始！這一個小時蘊含著所有的豐足與榮耀、崇高與決定永恆的可能性；然後，是接著而來的每一個小時——不要去想還沒到來的時間。這就是塑造品格的秘密！這個簡單的方法，將使任何人都能實現想像得到的至高境界之生命；在這想像得到的關聯中，沒有什麼是無法在某個時間、某個地方、以某種方式實現的事。

如此一來，所有人都有可能過著這樣的生活，因為沒有任何人無法實現僅僅一個小時的至高境界之生命——只要他對其專心致志並且熱切渴望。同時，倘若他真心努力，藉由

同類相吸的法則，他就能在下一個小時更接近他的目標一些，在下一個小時又更接近一些，然後再下一個小時，直到習慣成自然的時刻終於到來。任何其他的事情也都需要這樣的努力。

如此一來，他就會愛上宇宙中的至高至善者並與之聯手合作；結果，宇宙中的至高至善者也會愛上他，並與之聯手合作。他們會在每個轉折點幫助他，就像是如實地按照他的意願行事；但事實上，是他先按照他們的意願行事。

6 實現完美的平靜

這是「無限平靜之精神」。當我們與之和諧共處時，就會有一波平靜的浪潮向我們湧來，因為平靜就是和諧。

「體貼聖靈的，乃是生命、平安。」這偉大的真理背後有著深刻的內涵，若要認識到「我們是靈」這個事實並活在這樣的想法之中，就是要體貼聖靈，讓心智隨從靈性，從而實現和諧與平靜。

我們周遭有成千上萬的男女憂心忡忡、心煩意亂、焦躁不安，為了尋找平靜而四處奔波，身心靈都疲憊不堪；他們走遍異國他鄉、世界各地，回到故鄉之後，依然找不到自己的平靜。

以這種方式，他們當然找不到平靜，而且永遠也找不到，因為他們在平靜不存在的地方尋找它。

他們應該往內而非往外尋找它——平靜只能內求。除非你能在內心找到它，否則你永遠找不到它。

平靜只存在於靈魂之中

平靜並不存在於外在的世界，只存在一個人的靈魂之中。我們可能走遍條條大路追尋它，透過肉體欲望與激情的管道尋找它，經由所有的外在管道探索它；我們可能到處追逐它，但它始終在我們的掌控範圍之外，因為我們是在它不存在的地方尋找它。

我們愈能遵循內在靈魂的提示來指引、控制肉體的欲望與激情，至高形式的幸福和平靜就愈容易進入我們的生命；反之，我們愈無法做到這一點，疾病、痛苦、不滿就愈容易隨之而來。

與神合一，就是處於平靜之中。童稚之心是讓人產生充分而完整認識的最大動力，而這樣的童稚之心，體認到了它與天父生命的真正關係。我認識的一些人，已經有意識地體認到他們與無限生命、無限平靜之精神實為一體，他們的生命滿溢喜悅。此刻，我腦海中印象特別深刻的是一位年輕男子……

這位年輕男子數年來始終體弱多病，他的健康被神經衰弱摧毀殆盡，覺得生命中沒有什麼事物值得他活下去。在他眼中，所有的人事物都只有陰鬱的一面，而他對所有與之接觸的人也只展現出陰鬱的一面。

不久前，他深刻體認到自己與「無限力量」合而為一，並對這股神聖之流完全敞開自己；如今，他的身體非常健康，當我見到他時，他經常忍不住高喊：「啊，活著真是一件樂事！」

● ● ●

我認識的一名警官曾多次告訴我，當他在傍晚下班返家的路上，鮮明而生動地認識到他與無限力量合而為一。

這種無限平靜之精神緊緊地攫住他並盈滿他，使得他的雙腳幾乎無法保持在人行道上，因為這股湧向他的浪潮讓他快活到飄飄然、興奮不已。

產生這種至高認識的人永遠不會感到恐懼，因為他會有一種受到保護的感覺，而正是這樣的體認使得他的保護更加完整無缺。對他來說，以下皆為真：

「凡為攻擊你造成的器械，必不利用。」

「災害必不挨近你的帳棚。」

「因為你必與田間的石頭立約，田裡的野獸，也必與你和好。」

這些男女就像是過著被魔力保護的生活。然而，一旦我們懼怕任何事物，就相當於為所懼怕的那件事物敞開了大門，讓它具體實現並揚長而入。動物永遠無法傷害一個對牠毫不畏懼的人，但只要我們感到恐懼，就會讓自己置身於險境，有些動物，譬如狗，可以立即察覺到恐懼的存在，從而大膽逕行攻擊與傷害。

我們愈能充分認識自己與無限力量的一體性，就會愈發沉穩、平靜，不受以往令我們生氣或苦惱的小事所干擾。我們不再對他人感到失望，因為我們總是能一針見血地解讀他們，能深入洞察他們的靈魂，看透那運作並潛藏其中的動機。

有一天，一位男士走近我的一個朋友，熱情友好地握住他的手說：「哎呀，某某先生，真高興見到你。」

但我的朋友一下子就識破他，直視他的雙眼回答道：「不，你搞錯了，你並不高興見到我，你非常倉皇失措、困窘不安，以至於你現在連臉都紅了。」

這位男士回答說：「你知道，在現今這個墨守成規、拘泥成例的時代，我們不得不裝模作樣，有時還得裝出自己並未真實擁有的感受。」

我的朋友再次正視他並說道：「你又搞錯了。讓我給你一個小小的建議：你要永遠過得更好、更看重自己、認清並說出真相，而非讓自己裝模作樣。」

一旦我們能正確解讀他人，
就不會再對他人失望，
或是將他們放在高高的神壇上。

這樣做絕對免不了伴隨著失望；或早或晚，他們都會「跌落神壇」（註：並非對方真的做錯事或退步，而是指我們的高期待注定落空）；此外，我們也因而往往未能公平地對待友人（註：理想化別人後再對他們失望、責怪他們，是不公平的）。

當我們與這股平靜之精神和諧共處時，無論是出自朋友或敵人的惡意流言與顯而易見的惡劣對待，都不會再對我們造成任何困擾。當我們意識到，我們在生活與工作中皆忠於那正義、真理、公平的永恆原則，而這些原則貫穿整個宇宙、統一並掌控一切，最終會戰勝一切，那麼，這類壞事都無法接近我們，而且，無論發生什麼事，我們都能保持平靜、不受干擾。

那些帶來悲傷、痛苦、死別的事物，將無法像現在這樣繼續掌控我們，因為真正的智慧會讓我們看清適當的位置，了解萬物之間的正確關係。

當一個人的靈魂已經具有這項至高的認識，那麼他在人們稱為「死亡」的轉變過程中失去朋友時，並不會感到悲傷，因為他知道沒有死亡這回事，每個人只是這種無限生命的參與者，更是永恆的參與者；他知道，光是肉體的消逝絕不會影響真正的靈魂生命。源自於至高信念的平靜靈魂，可以自行意識到這一點，並對那些信念沒那麼堅定的人說道——

親愛的朋友們！
要有智慧，
馬上擦乾每隻哭泣的眼睛；
你們在棺材中留下的，
不值得再為它落下一滴眼淚；
這只是一個普通的貝殼，
珍珠已經離開它。
貝殼毫不重要，
就讓它留在那兒吧；

珍珠——靈魂——才是一切，就在這裡。

就分離的相關元素而言，他認識到：對靈魂而言並無界限之分，每個人都能做到靈性的交流，無論是在肉體之中的兩個人，或是一個還在肉體之中、一個已經脫離肉體。

一個人靈性生命的實現程度愈高，就愈能與高層次的靈性交流。

我們對什麼敞開自己，該事物也總是會來到我們身邊。舊時的人們期待能看見天使，而他們也的確看見了。但是，他們以前能看見天使的原因，並不比我們現在能看見的原因更多；以前天使會前來安住於他們心中的原因，也不比現在天使前來安住於我們心中的原因更多。

主宰萬物的偉大法則今昔如出一轍、並無二致，如果天使並未前來幫助我們，那是因為我們並未邀請他們，也是因為我們把那扇他們可能進來的門關了起來。

我們愈能對這股平靜精神之流敞開自己，讓它盈滿自己，它就愈能全力傾注在我們身上；如此一來，無論我們身在何處，這股平靜精神都與我們同在。我們愈能對它敞開自己，就愈能變成磁鐵，吸引來自四面八方所有源頭的平靜；我們愈能吸引平靜，愈能在自身體現這樣的平靜，就愈能將這股平靜散發出來並傳遞予他人。如此一來，我們就能成為和平的完美化身，不論去到哪裡，我們都會不斷地散發祝福、流淌恩賜。

一、兩天前，我看到一個女人握住另一個男人的手（他的面容顯現出神安住於他的內在）說：「噢，見到你對我來說真是太好了。在過去的幾小時，我一直處於焦慮與幾近絕望的心情中；但一看到你，我的重擔已經一掃而空。」我們周遭有一些人不斷地散發出祝福與安慰，光是他們的存在，似乎就能將悲傷轉變成喜悅、將恐懼轉變成勇氣、將絕望轉變成希望、將軟弱轉變成力量。

唯有認識自身真實自我的人，才能真正擁有這股力量，並且無論何時何地都會不斷散發這股力量——我們經常形容這樣的人「找到了自己的中心」。事實上，在整個浩瀚宇宙之中，也只有一個中心，亦即運作並貫穿整個宇宙的無限力量。因此，找到自己中心的人，就是認識到自己與這股無限力量合而為一的人；他認知到自己是一個靈性存在，因為神就是靈。這樣的人，正是擁有力量的人。他以無限為中心，由此讓自己與偉大的宇宙動力建立起連結，彷彿把自己的腰帶與其緊緊地繫縛在一起。

他不斷從所有源頭汲取力量，因為他已找到自己的中心、認識自己、意識到自己的力量，他心智中所浮現的心念就是力量的心念；此外，憑藉著同類相吸的法則，他也經由自己的心念，不斷從四面八方吸引所有具備了如此力量的心念，並藉由它們的幫助，將自己與宇宙中這種心念的秩序連結在一起。

「因為凡有的，還要給他。」這不過是自然法則的運作罷了。他那堅韌強大、積極正面、具建設性的心念，不斷地為他多方運作、取得成功，從四面八方為他帶來助益。他在理想中所看到的、所創造的事物，都是藉由這種深具建設性的心念來發揮作用，不斷地自行賦形、彰顯成形、具體呈現於物質世界之中。無聲、看不見的力量正在運作，它們遲早都會顯現為可見的事物。

這樣的人永遠不會接受恐懼以及所有關於失敗念頭的暗示；即使他收到了這樣的暗示，也會立刻讓這些念頭從心智中消失、離去，不會受到外在的想法秩序所影響，因為他並未吸引來這樣的心念，而是處於另一種傾向的心念之中。因此，伴隨恐懼、猶豫、悲觀而來的軟弱與招致失敗的心念，對他毫無影響。

屬於消極、恐懼類型的人，不僅會受到這類源自其內心的念頭所影響，因而使得自己的能量與身體機能變得衰弱或甚至癱瘓停擺，更會以這種方式讓自己與周遭世界的想法秩序連結在一起。他愈是如此，就愈會變成其周遭軟弱、恐懼、消極心態的受害者；他的力量不但並未增長，反而愈發虛弱疲軟，他的想法秩序與那些信其為真的人如出一轍——「凡沒有的，連他所有的也要奪去。」

再次強調，這只是自然法則的運作，就如其反向的情況亦然。

要是你唯恐失去所擁有的事物，因此把它藏了起來。那麼你就得為「唯恐失去」的憂懼付出代價。

保持「做得到」的想法

充滿力量的心念，既能從內在建立力量，亦能從外在吸引力量；而軟弱的心念不但會讓內在的軟弱成真，還會將外在的軟弱吸引過來。勇氣產生力量，恐懼招致軟弱，因此，勇氣帶來成功，恐懼導致失敗。抱持信念，從而衍生出勇氣之人，才得以主宰形勢，同時讓世界感受到他或她的力量；而缺乏信念，因恐懼與不祥預感而變得軟弱無能的人，則會受制於各種外在事件和變動。

一個人身上所發生的任何事，其原因都存在於他的內心之中；每個人都能自行掌握這些原因，並決定接下來會發生的事。

在可見的物質世界中的一切，都源自不可見的靈性思維世界；此即「因」的世界，而物質世界則為「果」的世界。果的本質始終切合因的本質，一個人如何活在他不可見的思維世界之中，就會不斷地在他可見的物質世界中實現所思所想的一切；如果他希望在物質世界中的情況有所不同，就必須先在思維世界中做出必要改變。

清楚地認識到這項偉大的事實，將為成千上萬、所有在當下深陷絕望的男男女女帶來成功，也將為如今成千上萬的患病與受苦之人帶來健康、豐沛的力量，更為如今成千上萬的不幸與不安之人帶來平靜與喜悅。唉！成千上萬的人竟一直活在恐懼的奴役下；他們本該強大有力的靈魂，竟變得軟弱無能——他們的能量被削弱、努力遭到癱瘓。

恐懼無所不在：對匱乏的恐懼、對饑餓的恐懼、對大眾輿論的恐懼、對私人意見的恐懼、對我們今日擁有而明日不復擁有的恐懼、對疾病的恐懼、對死亡的恐懼。恐懼已經成為數百萬人的一種固定習慣，這樣的思維無所不在，從四面八方朝我們包圍過來……持續活在畏懼、膽怯、恐懼一切的狀態下——無論是失去愛情、金錢、地位或職位——這是最容易讓我們失去所害怕會失去之事物的方式。

恐懼有百弊而無一利。

有些人說：「我知道的確是如此，但是我已經習慣了恐懼，很自然就會如此，我無能為力。」無能為力！當你這麼說時，證明了你還不了解自己，從而指出了一個造成恐懼的重要原因（註：不了解自己也是我們會恐懼的原因之一）。

你必須先了解自己，才能了解你的力量；你無法明智而充分地運用這些力量，除非你先了解它們。

別說你無能為力，如果你認為自己做不到，就極有可能做不到；如果你認為自己做得到，徹底按照這樣的想法來行事，你絕對可以且肯定會做到。維吉爾（Virgil）在描述他心目中贏得比賽的隊員時，說：「他們做得到，因為他們認為自己做得到。」換句話說，他們的這種心態會為身體注入靈性的力量，從而賦予力量與耐性，讓他們得以獲勝。

請保持這個「做得到」的想法，把它當成一粒思維的種子，如果需要的話，把它種在你的意識之中；照料它、培育它，它就會逐漸往四面八方伸展開來並且集聚力量。它會集中並積極活化你內心中分散且尚無助益的靈性力量，並從外在吸引力量，吸引其他無畏、堅強、充滿勇氣等性質相同的心智發揮影響力來幫助你。如此一來，你就會吸引來這種想法秩序，並與之產生連結。如果你能保持熱誠、忠實，「恐懼」對你失去掌控力的時刻終將到來；你會發現自己是力量的高塔、環境的主宰，而非軟弱的化身、環境的產物。

我們在日常生活中需要更多的信念，包括對行善力量的信念、對無限之神的信念，以及對自己按照祂的形象被創造出來的信念。也許有時事情的發展不如預期，也許有時形勢看似極其黑暗，然而，認識到「至高無上的力量照看著我們，如同它照看著太空中的恆星與無窮無盡的世界秩序」這項事實，將讓我們生出至高無上的信念，深信我們將一切安好，正如同這世界將一切安好。「堅心倚賴你的，你必保守他十分平安。」

沒有任何事物比神更穩固、更安全、更牢靠。那麼，當我們認識到這個事實，明白我們可以掌握自己，對這股無限力量更完全而徹底地敞開自己，並且請求它在我們身上，透過我們來示現；我們就會在自己身上發現一種不斷增強的力量感。我們以這樣的方法努力與它在一起，而它反過頭來也會努力與我們在一起。我們便能充分體認到這項事實：「萬事互相效力，叫愛善的人得益處。」如此一來，過去始終支配我們的恐懼與不祥預感將轉變成信念；若經正確理解與妥善運用，亦將成為一股無堅不摧的力量。

物質主義必然導致悲觀，反之又將如何呢？一旦認識到靈性力量在我們身上，並透過我們來運作，同時它亦在萬物身上，並透過萬物來運作，這樣一股致力於正義的力量會自然地導向樂觀。

悲觀會招致軟弱，樂觀則導致力量；以神為中心的人，不僅能經受得住每一場風暴，更能藉由信念和內心的意識力量，以面對晴天那樣的平靜與沉著心情來面對風暴，因為他對結果如何已了然於心。

他知道，神永久的膀臂在支撐自己。他正是了解訓諭真理之人，「你當默然倚靠耶和華，耐性等候他，他就將你心裡所求的賜給你。」一切都會被給予已準備好接受它之人。還有什麼比這更清楚的嗎？

那麼，我們愈能與至高力量建立連結，就愈無需擔憂自己會得到什麼樣的結果。充分認識到這項事實以及隨之而來的一切，就能帶來平靜，那是一種充實、豐富、持久的平靜，一種讓當下完整的平靜，在繼續前進之前，先帶回「你的日子如何，你的力量也必如何」的信心。

一個如此專注於自己中心的人，即使面對周遭所有的動盪不安、混亂形勢，都能理解並說道：

我保持匆忙，
我刻意拖延，
這渴切的節奏又有何益？
我站在永恆之路上，
屬於我的必然知曉我的面目。
寤寐之間，白晝黑夜，
我尋找我的朋友，
也正在尋找我；
風無法讓我的船偏離航線，
亦無法扭轉命運的浪潮。
江河知道自己的歸屬，

吸引從高遠之處汩汩湧出的小溪；
以平等法則而將至善至美潺潺流入純然欣喜的靈魂之中。

繁星總是在夜空中閃耀，
潮汐總是湧向大海的懷抱，
無論時間、空間，無論深度、高度，
都無法讓屬於我的一切離我而去。

7

擁有豐足滿盈的力量

這是「無限力量之精神」，我們愈能對這股力量敞開自己，它就愈能在我們身上顯現出來。「在神凡事都能。」也就是說，與神一起則凡事都能。力量的真正秘密在於與行作萬事的神保持連結，我們愈能保持這樣的連結，就愈能如實地超越所有我們想像得到的限制。

那麼，為什麼要浪費時間、四處奔波以獲取力量？

為什麼要浪費時間進行各種練習？

為什麼不直接登頂，而在偏僻小路、山谷與山腰間徘徊？

如同全世界所有經典的教導所述，人類擁有絕對的支配權，但並非肉體之人，而是靈性之人（spiritual man）。

舉例來說，有許多動物體型更大、更強壯，從肉體的角度來看，人類無法支配牠們；然而，藉由激發、啟動他被賦予的至高身心靈力量，他即可取得支配的優勢，即便對這些動物亦是如此。

靈性力量造就奇蹟

舉凡無法在物質層面上完成之事，皆可在靈性層面上達成。

一個人愈能認識到自己的靈性，並且依照這樣的靈性而活，他就愈能在力量上超越那些僅將自己視為肉體物質的人。世界上所有的神聖文獻中，滿是我們稱之為奇蹟的例子，而且不限於任何特定的時間或地點；奇蹟的時代與其他可能發生奇蹟的時期並沒有什麼區別，世界史上曾經發生過的一切，都可以藉由相同法則與力量的運作而再次發生。

這些奇蹟的發生並非由於那些高於人類的存在，而是由於那些認識到自己與神合而為一，從而使得至高力量與影響可以藉由他們來運作的神人。

讓我們提出這個問題：什麼是奇蹟？是某種超自然的現象嗎？超自然只是意味著超乎自然，或者更確切地說，超乎人類在正常狀態下所感知的自然現象。奇蹟不過就是如此。

一個人倘若認識了自己的真實本體，認識到自己與無所不在的智慧和力量合而為一，從而使得高於尋常心智所知的法則能有機會向他揭示；然後，他運用這些法則，而人們看到了他運用的結果，由於自身的侷限，他們遂將這些結果稱為奇蹟，並將創造出這些顯而易見的奇蹟之人稱為「超自然的存在」。

然而，倘若他們可以讓自己認知到同樣的法則，從而認識到同樣的可能性與力量，就會成為超自然存在，並讓自己創造出這些超自然的結果。同時，讓我們切記，隨著我們的演化過程從低等朝向高等、從物質取向往精神靈性取向的進展，昨日的超自然現象會逐漸變成了今日常見的自然現象；同理，今日看似超自然的現象，也會變成明日的自然現象，一直以來皆是如此。

正是神人做出了看似超自然之事，憑藉著對至高力量的認識，超越了大多數人並脫穎而出。然而，一個人類的靈魂可能擁有的力量，另一個人類的靈魂也可能擁有；相同的法則在每個人的生命中運作著。我們可以成為力量強大的男女，也可以成為毫無能力的男女。當他真正體認到自己可以浮升的事實，他就能浮升；除了他給自己設下的限制以外，他毫無任何限制。奶油總是浮到最上層，而這純粹是因為往上浮就是奶油的本質。

別放棄個體性

我們聽過許多人談及「環境」。我們必須了解，我們永遠不該讓環境來造就人，而人永遠應該且永遠可以制約環境。了解這一點就會發現，在很多時候，我們沒有必要讓自己脫離任何特定的環境，因為我們可能還有工作得在該處完成。

憑藉我們自身擁有的力量，我們可以影響並改變事物，從而在舊有環境中創造出一連串全新的情勢與條件。

同理，關於「遺傳」的特徵與影響之說也是如此。我們有時會聽到這樣的問題：「它們可以被克服嗎？」只有還不了解自己的人才會問出這樣的問題。如果我們抱持這樣的信念，深信它們無法被克服，那麼，它們極有可能會無法被克服且永遠存在。然而，一旦我們認識到真正的自我，以及我們內在巨大的力量，亦即心智與心靈的力量，那些具備了有害本質的遺傳特徵與影響就會開始減輕並迅速消失，而消失的速度與這種認識的完整性恰成正比。

沒有什麼是我們無法克服的，
別說你的邪惡天性來自遺傳，
或者某種天生的特質讓你的人生悲慘不堪，
嚴厲地施予了你非當應得的懲罰。
存在於你的父母與祖父母背後的，
是偉大的永恆意志！

那也是你所繼承的事物——強大、美麗、神聖，
成功，不過是嘗試之人的囊中之物。

沒有你無法攀登的崇高山巔，
未來一切的勝利都可能屬於你；
無論你犯了任何錯，只要不昏厥、不止步，
儘管倚賴神的安全之杖。

世間沒有任何靈魂無法提出異議的索賠；
了解你自己是永恆源頭的一部分；
沒有任何事物能抵擋你的精神力量；
靈魂的神聖承繼無以倫比。

此外，許多人的生活遠遠不及他們可以成就的各種可能性，因為他們不斷將自己的個體性交給別人來控制。

你想成為這世上的一股強大力量嗎？那麼，做你自己就好，別給自己歸類，別讓自己被歸類為二手資訊、人云亦云者。

忠於你自己靈魂深處的至高無上者，然後，讓你自己不被任何非建立於原則基礎上的風俗慣例、習俗常規或反覆無常的人為規則所掌控；而那些建立在原則基礎上的事物，在任何情況下皆被心地正直誠實的男女奉行不悖。

別放棄你的個體性，這是你最大的動力之源；別屈服於風俗慣例與習俗常規，這些慣例常規從大多數沒有足夠力量保持自身個體性的人身上，獲取它們的生命力；那些人把自己的個體性雙手奉上，當成「讓步粥」的原料，而據一位最偉大的作家所說，「讓步粥」正是現代社會的特徵。

如果你以這樣的方式放棄了自己的個體性，只會助長你不樂見的情況；而你必須付出的代價就是成為奴隸，時間一久，對於那些你用這種方式來取悅的人來說，你極有可能連他們的尊重都無法贏得。

如果你能保持自己的個體性，就會成為大師。

如果你能保持明智而審慎，你的影響力將有助於為世界塑造出一連串更理想、更美好、更健康的形勢與條件。此外，如果你這麼做，所有人都會更加看重你、高度敬重你，而不是像其他許多人一樣，把自己的個體性獻給同樣的「讓步粥」，展現出軟弱的一面。如此一來，所有階層的人士都會受到你的影響。「偉大的英雄風範能夠同時吸引社會上所有階層、所有極端人士，甚至可說連狗都會相信他。」

做自己是唯一有價值，也是唯一令人深感滿足的一件事。有人說：「時常受到周遭環境的支配，可能不是上策吧？」什麼是上策？那就是，自始至終，永遠做你自己。

最重要的是，要忠於自己；
如同夜晚必然追隨白天而來，
忠於自己，你也必然不會去欺詐他人。

當我們訴諸於至高無上的存在，而且生命由原則所支配，那麼，我們就不會懼怕大眾的輿論或擔憂失去他人的認可；我們可以確信，至高無上的存在會支持我們。如果我們試圖以各種方式去適應他人，不但永遠無法適應他們，而且我們愈努力去適應，他們就會變得愈發不合情理、嚴格苛求。

你生命的主宰，完全是神與你自己之間的事；當你的生命被其他來源動搖與影響時，你便是走上了錯誤的道路。

當我們找到內在的王國、無限的中心，即可成為自己的法則。

而當我們成為自己的法則，就能讓他人認識到這些法則高於那些支配或甚至奴役他們的法則。

當我們找到這個中心時，那種美好的單純，同時具備了真正偉大人格的魅力與力量，就會進入我們的生命。

如此一來，所有追求效果（此為軟弱與缺乏真正力量的明確指標）的努力都將不復存在；這種追求效果的努力極為常見，也往往是缺乏某些事物的指標。這讓我想起一個人騎在一頭尾巴被截斷的馬兒後頭，因為他意識到自己不足以吸引他人注意的這項事實，便與其他懦夫一樣，採取了割斷馬兒尾巴的殘忍方法；如此一來，馬尾那不自然、奇特的外觀，可能會吸引到他自己無法獲得的注意力。

然而，追求效果的人被愚弄的情況，往往比他成功愚弄他人的情況還多。具備了真正智慧與洞察的男女，總是能看出所有與他們接觸的人背後的促因與動機。「偉大之人本性自然純真，讓我們除他之外，絕不作第二人想。」

結合外在表達行為與內在力量

那些確切覺察到內在真實力量的男女，看似無作為，但實際上做得可多了。他們看似無作為，是因為他們與至高力量共同運作；然而，也正是因為這個事實，他們在至高層面上進行運作，可以完成許多事。他們與無限力量保持如此完整徹底的連結，以至於它可以為他們代勞，他們也從而卸下了責任。他們無憂無慮，因為無限力量透過他們運作，他們只是與這股力量同心協力。

至高力量的秘密，僅在於將外在的表達行為與內在的運作力量結合。

你是畫家嗎？那麼，你愈能對內在力量的影響敞開自己，就愈能變得卓越而非平庸。唯有湧入你自己靈魂的靈感，你才能將其轉化為永恆的形式；為了讓至高靈感湧入你的靈魂，你必須敞開，必須對所有靈感的至高源頭完整而徹底地敞開。

你是演說家嗎？你愈能與那股藉由你來傳達的至高力量一同和諧運作，就愈能擁有形塑並感動人們的真實力量。如果你只利用肉體力量，就只會是蠱惑群眾的煽動者；如果你能敞開自己，讓神的聲音透過你，利用你的肉體力量來說話，那麼你就能成為真誠偉大的演說家，而真誠偉大的程度則取決於你敞開自己的程度。

你是歌手嗎？那麼，敞開自己，讓內心的神在歌曲的靈魂中源源不絕地流瀉出來。你會發現，這比你只靠長期練習的嫻熟度容易一千倍；在其他條件保持不變的情況下，你的歌聲將擁有令人陶醉、欣喜若狂的力量，從而對聽眾產生不可抗拒的影響。

夏日時分，我的小屋或帳棚會在森林邊緣或中央搭建起來；而有時在清晨破曉之際，我會躺在小床上醒來。先是一片寂靜，然後四面八方開始傳來斷斷續續的嘁嘁喳喳聲；隨著黎明的曙光初露，周遭事物逐漸隱約可辨，這些聲響也愈發喧鬧響亮，直到整座森林逐漸迸發出一曲盛大的合唱。美妙至極！精彩絕倫！彷彿每一棵樹、每一片草葉、每一叢灌木、頭頂的天空、腳下的大地，都加入一同演奏這首奇妙的交響樂。然後，隨著時間流逝，我一邊傾聽、一邊思考；在歌曲這個主題上的研究是多麼驚人啊！如果我們能向鳥兒學習就好了，如果我們能對相同的力量敞開自己，並允許這些力量源源不絕地流入我們之中，我們可能會有什麼樣的歌手、什麼樣的行動者！

你知道艾拉·D·桑基（Ira D. Sankey）先生是在什麼情況下第一次唱〈九十九羊〉（The Ninety and Nine）這首詩歌嗎？有一本雜誌這麼描述道：

在最近一場於丹佛舉行的大型集會中，艾拉·D·桑基先生在演唱〈九十九羊〉之前，敘述了這首歌如何誕生；這首歌或許是他所有作品中最出名的一首。當時，他與德懷特·L·穆迪（Dwight L. Moody）先生離開格拉斯哥，前往愛丁堡的途中，在一個報紙攤前停下，花一便士買了一份宗教報紙；他在乘車時瀏覽了這份報紙，目光落在報紙頁面角落的幾行小詩上。於是他對穆迪先生說：「我找到了我的讚美詩。」但穆迪先生正忙著別的事，完全沒聽到他說的話。桑基先生還沒找出時間為這些詩句譜曲，就把它們貼在他的音樂剪貼簿上。

有一天，他們在愛丁堡舉辦了一場令人印象深刻的集會，波納（Bonar）博士以「好牧人」（The Good Shepherd）為主題進行了精采的布道。在演說結束時，穆迪先生示意他的夥伴開始演唱；一開始，桑基先生只想到他經常唱誦的《詩篇》第二十三篇；接著他的第二個念頭是，何不唱誦他在報紙上看到的那幾行小詩？但他又馬上冒出第三個念頭，想到他自己還沒為這首小詩譜曲，怎麼唱？接著，第四個念頭出現了：不論怎麼唱，唱出來就對了。

他將詩句擺在自己面前，撫摸管風琴的琴鍵，張開嘴開始唱，但不知道自己會唱出什麼樣的曲調。他在一片靜默中唱出第一行詩句，接著深吸一口氣，不知道自己能否以同樣的方式唱出第二行；他嘗試了，也成功了，接下來就容易多了。當他唱完這首讚美詩時，參與集會的群眾全都激動不已，感動落淚；桑基先生說，那是他人生中最激動的時刻，穆迪先生則表示自己從未聽過一首這樣的詩歌。此後，這首歌成了每次集會的必唱歌曲，沒多久就傳遍了全世界並且大受歡迎。

當我們對至高靈感敞開自己，它永遠不會讓我們失望。倘若我們無法做到這一點，無論是什麼樣的工作或任務，我們都無法達成最佳的成果。

你是作家嗎？那麼切記，所有成功的文學作品背後都潛藏了一項偉大的準則：先審視你自己的心再寫，忠於自己、無所畏懼，忠於你自己靈魂的敦促與提示。切記，作家永遠無法寫出超越他自身經驗範圍的作品；如果他想寫出更多，就必須有更多經驗可寫。他只是他自己的抄寫員，從某種意義上來說，他把自己寫進書裡，但除了他自身經驗範圍之內的事物，他無法把更多東西投入其中。

如果他具備了偉大的人格、堅定的意志、深厚的情感，總是對至高靈感敞開自己，他的作品將融入某種難以言喻的元素，使其宛如一股呼之欲出、生氣勃勃的力量；這股力量如此強大，以至於每位讀者都能感受到這種透過作家所傳達出來的至高靈感，而作品中字裡行間的言外之意，甚至比字裡行間的內容還要多上許多倍。正是作家的精神激發了這股力量，也正是這股力量賦予了額外百分之二十五或三十的元素，讓一本書脫離平庸之流、得臻上乘，又賦予了額外百分之一的精華，讓一本書成為萬中選一的成功之作；而在此之際，其餘百分之九十九的書則在第一版問世之後，就乏人問津了。

具備了偉大人格的作家將這股相同的精神力量注入作品之中，使其作品得以在讀者之間快速地流傳開來；因為任何書籍最終唯一的流通方式就是口耳相傳，唯有如此，流通發行量才會大。很多時候，正是這股力量使得一位讀者有鑑於該書對自己的價值，從而購買了多冊與他人共同分享。愛默生說：「一首流傳於世的好詩，會自行呈現給理性之人，讓他們欣喜地閱讀，然後分享給他們親近的理性之人，從而吸引來有智慧且慷慨寬宏的靈魂，堅定他們隱密低調的想法，並藉由他們的感同身受，讓它真正地被發揚光大。」

這類作家在寫作時，並非抱持著要讓他的文字成為文學作品的心態，而是一心只想深入人心，帶給人們某些重要的價值：某些能開拓、撫慰、豐富、美化他們生活的事物，某些能引領他們找到至高生命，以及伴隨而來的至高力量與喜悅的事物。

然而，最常見的情況是，如果他成功以這樣的方式深入人心，那麼他的文字就會以某種方式自行運作，成為一部真正的文學作品，甚至遠比他全心全意追求成就一部曠世鉅作的效果更好。

另一方面，懼怕偏離常規慣例，允許自己被專斷規則束縛的人，其自身創造力受限的程度，與他允許自己被規則綑綁的程度恰成正比。一位最偉大的現代作家曾說：「我的書會散發出松樹的香氣，會迴盪昆蟲的嗡鳴聲；飛過我窗上的燕子，也會以鳥喙啣來絲線或稻草，織入我的網中。」相較於讓它聽起來像是一小群人藉由研究一些大無畏的作家作品而勉強拼湊出的規則，並經公式化闡述而制定出來的修辭手冊，仁善的智者讓它聞起來有松樹的香氣，聽起來迴盪著昆蟲的嗡鳴，這無疑要好得多了。「那些人努力學習如何寫得跟以前的作品一模一樣，但這毫無用處，他們永遠無法了解今天是嶄新的一天。」

當莎士比亞被指控虧欠他的原著作者時，蘭德（Landor）的回應是：「但他比他的原著作者更具原創性。他對屍體吹了口氣，就讓他們活了過來。」這類型的人不會按照世界的方式行事，而是會去改變世界，讓世界以他的方式來行事。

我寧可成為無限之神的抄寫員，這是我真實不虛的殊榮，而非被任何修辭學家所制定的規則或任何評論家的意見所奴役。

讓我給人們一些東西，可以減輕他們生活中日復一日的努力與掙扎，可以在這裡增添一點樂趣，在那裡加上一點希望，可以讓粗心輕率且具備動物本性的男性變得更體貼、更善良、更溫柔，可以喚醒膽怯畏縮的女性內在潛伏的力量，而這些力量一旦被喚醒，甚至連她自己都會對其無可抗拒的影響深感驚訝。

讓我給人們一些東西，使每個人都能認識到人類靈魂中的神性，有意識地認識到自己的神性，以及所有伴隨而來的豐盛資源、榮耀及力量；當我成功做到這一點，就能處之泰然，不去在意評論家是讚美或貶抑。即便是貶抑，與陣陣和煦春風吹拂大片松林的美妙樂音比較起來，那些指責宛如在下方地面上幾根枯枝斷裂的聲響，微細到令人無法察覺。

給宗教導師的提醒

（註：作者以自身熟悉的基督教為例，但其背後精神，是任何宗教都可以思考的。）

你是牧師或是任何類型的宗教導師嗎？那麼，你愈能讓自己從那些行之有年，仍在持續束縛並限制眾人的人為神學教條中解放出來，愈能對「神聖之息」敞開自己，就愈有可能成為一言九鼎、深具威信的影響者；你愈能這麼做，就愈發無須去研究先知，而是朝著成為先知的道路前進。這條道路為你敞開，正如它始終為任何人敞開一樣。

如果你出生於母語為英語的家庭，那麼極可能是基督徒；身為基督徒，就要遵循耶穌（基督）的教誨，與祂所和諧共處的相同法則和諧共處：簡言之，過著跟祂一樣的生活。在祂的教誨中，最重要的核心事實是「人與天父之間有意識地合而為一」。耶穌正是因為完整認識了祂與天父的一體性，才得以成為「基督」（譯註：原意為受膏者，即天選之人）。正是透過這樣的方式，他獲得了所擁有的力量，說出了從來沒有人能說出的話語。

祂為自己要求過的任何事物，都是為全人類所要求的事物。「耶穌所行的神蹟既非例外，亦非異數，都是伴隨著祂的狀態而出現的自然且必然的現象；祂宣稱這些現象符合恆久不變的秩序，祂認為它們並非獨一無二的顯現，只是一種所有人都可選擇達成的狀態所產生的結果。祂坦承，身為導師與真理的演示者，祂並未做任何事來證明祂的唯一神性……耶穌的生命與勝利開創了人類歷史的新時代；祂的到來與勝利，標誌了人類事務的新紀元。祂為人世間帶來一種更完整的新典範，而當祂的三名最親密的同伴在某種程度上看到新生命的真正意義時，他們倒在地上，滿懷敬畏與欽慕、目瞪口呆得說不出話來。」

藉由完整認識到祂與天父的一體性，藉由掌控祂的生命中直到肉體死亡所發生的每一種境況，藉由向我們指出那些適用於祂，亦同樣適用於我們的偉大法則，祂讓我們看見一種生命的完美典範，那是一種我們此時此地即可做到的典範；倘若沒有祂，我們不可能得見。一個人先征服了，之後的所有人都能征服。祂藉著讓自己先完整認識到「與天父合而為一」的偉大法則，再向他人指出這一點，使祂成為這世上最偉大的救世主。

但是，別誤認為祂個人就是祂的生命與教誨，這是大多數偉大導師的弟子往往會對其導師犯下的錯誤。如果你也是在宣揚著一個死去的基督，那麼為了人類、基督、上帝著想，我以最虔敬之心懇請，別再竊取人們的時間，也別再浪費自己的時間，給他們石頭來代替麵包，給他們僵化的形式規則來代替活生生的真理精神。以祂的話來說，就是「任憑死人埋葬他們的死人」。別成為其中的一員！跟耶穌一樣去教導人們，跟活生生的基督、我們內心的基督一樣去教導人們；在這項認識的所有超然之美與力量中找到它，就像耶穌一樣地去找到它，如此一來，你也能成為一名深具威信的影響者，並且引領無數人跟你一樣去找到它。這才是無價的珍珠。

許多傳道者的靈魂從未感受過耶穌教誨的重要精神。結果是，他們不但沒教導人們這樣的精神，反倒只教給人們老舊的方式、教條及學說，使教會成了空殼；這類傳道者似乎主要致力於讓人們準備好面對死亡。德國人有句俗諺說：「別先去做次要的事。」我們需要的是能夠先教我們如何活的人。先有生、方有死，生總是先於死。

事實上，我們一旦明白如何活，並且按照所知的方式去活，那麼我們所謂的死亡，將會以一種極為奇妙而美好的方式自行運作，而這也是死亡能被妥善處理的唯一方式。

正是由於教堂成了空殼，而人們厭倦了這些無用的空殼，因此，許多目光短淺的人們往往會說宗教已死。宗教已死？任何事物在真正誕生之前，怎麼會死亡呢？對人們來說，宗教才剛誕生；或者更確切地說，他們才剛覺醒於一種充滿活力、屬於日常生活的宗教存在。我們才剛開始要超越文字的層面，去進入並理解其真實而重要的精神。

宗教已死？著實令人難以想像。宗教是人類靈魂的一部分，正如人類靈魂是上帝的一部分；只要上帝與人類靈魂存在，宗教永遠不會死。

感謝上帝，許多代表宗教的教條、形式、儀式、文字，這些正在快速消逝中，而且從來沒有消逝得如同今日般快速。

宗教正透過兩種方式走向消亡。首先，有一大群人已經厭倦或甚至厭惡了這一切，他們真心寧可什麼都沒有，也不願意忍受現狀；他們完全摒棄了這一切，就像一棵樹在初冬來臨時抖落它的枯葉。其次，有一大群人的內心感受到了神聖之息的騷動，他們在內心深處發現了基督無與倫比之美與救贖的力量；這股新的生命推擠開舊的生命，宛如春日時的樹木，剛復甦的新生命推擠掉冬日時緊緊依附在枝枒上的枯死老葉，以便為新葉騰出成長的空間。見證這種枯死老葉的宗教在各方面被人們推擠的方式，的確有趣且鼓舞人心。

那些試圖以石頭取代麵包、以外殼與粗糠取代維持生命的穀物，從而讓我們的教會變成空殼的人，願他們的位置被其他對至高靈感持開放態度並充滿活力的人所取代——哪怕只有幾次也好；然後，讓我們再次質問那些認為宗教已死的人。「能點燃他人的是活炭，而非死煤。」願他們的位置被捕捉到神聖之息的靈感之人所取代；這些人得以為人們帶來極具價值與意義的訊息，並且能夠憑藉著這項事實，以令人狂喜的美與力量來呈現它，讓靈魂深深著迷。然後我們將會發現，如今零星分布於各地的教堂，原本只有數十人的空間將會人滿為患，甚至沒有足夠的空間容納所有想進入教堂的人。

「讓貝殼死去，珍珠才會出現。」我們無須新的啟示，僅需找出我們已經擁有的那些啟示的重要精神，然後在適當時機，當我們準備好接受新的啟示時，它們就會到來——但不會提前到來。

「全世界的人類靈魂需要的，」約翰．普斯福爾德（John Pulsford）說，「不是對公認的古老宗教慷慨陳詞、雄辯滔滔——無論你多麼辯才無礙，而是被他們從未感受過的一種更溫暖、更有力的上帝之息（Breath of God）滲入、迷住、俘虜。如果我無法公開表白這股神聖之息十分契合靈魂本質的需要，正如六月的清晨契合地球般，亦即上帝之息允許每個人類的心智根據其天賦而展現，正如清晨的微風讓樹木在它的照拂下自由地欣喜成長，那麼，我就是未能忠於個人經驗。沒有任何事物能像上帝之息般推動靈魂的中心之輪，這會讓一個人完全活躍起來，讓他的感官死而復甦、情感煥然一新，判斷力、感情、想像力全都宛如新生；這些改變遠比他所知更為巨大，他會對自己內在的力量感到驚訝，上帝之息開啟並喚醒了這股力量。他會發現自己的本質難以言喻，因此他確信，未來必將發生無法想像的滿滿驚喜。這就是我向讀者們所推崇的上帝與人類永恆希望的存在，證據就在這裡。讓上帝之息點燃靈魂中新的春天，讓深深埋藏的種子開始萌芽，引入天堂的夏天；如此一來，你將獲取內在之神存在的清晰證據，宛如外在宇宙存在般明確無疑。更確切地說，比起你對自然與世界的所有外在和表面體驗，你對生命的內在體驗以及對神的無限希望，反而與你更為緊密，而且所向披靡。」

宇宙中只有一個力量的源頭。無論你是畫家、演說家、作家、宗教導師或是任何其他各行各業，要知道，你必須理解並捕捉無限力量的秘密，才能協同這股力量一起運作，讓它得以不斷地透過你運作並顯現。

如果你無法做到這一點，就無法做到任何事；如果你無法做到這一點，無論你的工作是什麼，都只會有三、四流的表現，或許有時候可以達到二流，但肯定永遠無法達到一流，而且絕對不可能成為名家或大師。

無論你對自己的評價為何，都會決定你各方面的工作成效。

如果你只活在物質與智識層面，就是為自己設下了限制，而只要你活著一天，這些限制就會一直束縛你。

然而，當你認識了自己與無限生命及力量合而為一，並且對它敞開自己，它就會透過你運作；你會發現，自己進入了一個全新的生活階段，擁有不斷增強的力量。如此一來，因為你的心靈純潔，你的力量將會如實地等同十個人的力量。

神吶！

藉著誕生的榮耀，
我永遠與你合而為一；
天國的力量讚頌它
直至地球最遙遠的疆界。

我想到這項與生俱來的不朽權利，
我的存在宛如玫瑰般綻放，
就像一團香雲般芬芳，
在我周遭與上方川流不息。

一首充滿榮光的歡慶之歌，
在最深處的心靈中，

我聽見宛如天籟之音，
在合唱中神聖而清晰。

我感到一股力量崛升，
宛如胚胎之神的力量，
以一道榮光之牆包圍住我，
讓我從隱藏的秘密中浮現。

8

你本自富足

這是「無限豐足之精神」，一股在過去、現在都不斷將萬物以物質形式表現出來的力量。那些認識到自己與這股無限力量合而為一的人會成為磁鐵，將他所渴望的一切源源不絕地朝自己吸引過來。

如果一個人抱持著貧窮的念頭，不但會處於貧窮的狀態，而且很可能會一直保持在這樣的狀態之中；如果他讓自己不斷抱持著繁榮成功的念頭，不論當下的狀態如何，他啟動了這股力量，而這股力量遲早會將他帶往繁榮成功的境況。吸引力法則不斷在整個宇宙中運作，而與此息息相關的一個偉大且不變的事實是：同類相吸。如果我們與這股萬物源頭的無限力量合而為一，那麼，當我們愈能活在這種一體性的認知當中，就愈能實現自身的一股力量，從而帶來所渴望擁有的、豐足的一切。如此一來，我們就擁有了一股力量，隨時都可以實現我們所渴望的情境。

正如所有真理現在都存在，

只等著我們去感知、察覺，
所有可滿足當下需求的事物現在也都存在，
只等著我們內在的力量適當地運用它們。

神將一切都掌握在祂的手中，祂常說：我兒，在你一切所行的事上認定我，你愈能這麼做，你愈能如此生活，那麼我一切所有的，都是你的。「耶和華以勒」（Jehovah-jireh），意即「耶和華必預備」（the Lord will provide）。「祂厚賜眾人，而且不斥責人。」祂厚賜給所有以正確態度接受祂恩賜的人，但不將任何好事強加於任何人身上。

始終期待更美好的事物

「敬虔必伴隨著貧窮」這項古老且頗為普及的觀念，其實完全沒有存在的基礎，我們愈早擺脫它愈好。這個觀念的誕生與禁欲苦行的興起如出一轍，當時人們普遍認為肉體和靈魂間必然存在著衝突與對立，而這樣的想法又來自於那些對生命抱持著扭曲、片面看法的人。從某種意義上來說，真正的敬虔相當於真正的智慧。對於真正有智慧、能運用自己被賦予的力量與能力之人來說，偉大宇宙的寶庫始終為他敞開，而供給總是相等於正確明智的需求。當一個人認識到這些至高法則，對匱乏貧困的恐懼就不會再肆虐、困擾他。

你是否失去了某種境遇？如果你害怕自己再也無法擁有另一種更好的處境，並讓這種恐懼掌控、支配你，那麼你很可能得花很久時間才能漸入佳境，或者你可能會陷入另一種極糟的處境。但無論情況如何，你都必須明白，你的內在早已擁有力量與能力，可以啟動來戰勝任何表面上暫時性的失敗。啟動這些力量之後，你就像是安裝上一塊磁鐵，將另一種比你失去的境遇更好的狀態吸引過來；當這樣的時候到來時，你甚至會慶幸自己的失去，因為這讓你擺脫了以往的困境。

請你認知到，那股運作於你的內在並透過你彰顯出來的無限力量，其實同樣創造並支配著宇宙萬物，並且掌控著太空中無盡的世界體系。發送出你的心念，因為心念是一股力量，經由正確地運用與明智地引導，即可產生未知的神秘能力。發送出你的心念，那麼對的境遇或工作，將會在對的時間以對的方式出現，而當它出現時，你會意識到它的到來。堅守住這個想法，永遠別讓它減弱、動搖；抱持它，不斷以堅定的期望來澆灌它，如此一來，你便是將你的廣告刊登在一份精神、靈性層面的報紙上。這份報紙的發行量不受限制，而且流通的範圍遠及地球上最遙遠的疆界，甚至還可遍及整個宇宙。此外，倘若你能正確地置放這則廣告，它將會比你可能刊登廣告的任何印刷品都更有成效。你愈能認識到這一點、愈能與至高法則及力量和諧共處，就愈能有效地發送出你的心念。

如果你得到的這個境況並非完全符合你所期盼，如果你感覺自己有能力擁有另一個更好的境況，那麼，在進入這個境況之際，你就要採取這樣的心態：這個境況是個踏腳石，會引領你通往下一個更好的境況。堅持住這個想法，肯定它、相信它、期待它，始終保持忠實，絕對地忠於你目前所處的境況。如果你並未忠於它，那麼它極有可能不會成為你漸入佳境的踏腳石，反而會讓你每況愈下。如果你能忠於它，改變的時機可能很快就會到來，你會滿懷欣喜、充滿感激之情，雀躍於自己失去了原來的位置。

這就是繁榮成功的法則：當顯而易見的逆境到來時，別因此沮喪，而是要盡力而為，始終期待更美好的事物、更有利的狀況會出現。讓你自己保持著這樣的心態，就是去啟動微妙精巧、沉靜無聲、不可抗拒的力量進行運作，這些力量遲早會以物質形式來實現你如今僅為心念的想法。你的心念有著神秘難解的力量，只要被正確地種下並適當地照料，就可以成為實現物質條件的種子。

別把任何時間花在抱怨上。

善加利用這些原本會被浪費在抱怨上的時間，來期盼並實現你所渴望的環境或條件。讓你自己聯想到繁榮成功，看見自己身處繁榮成功的境遇之中，堅信你不久就會變得豐盛富足；沉穩、靜默、堅定且充滿自信地肯定這一點，絕對地相信它。期待它，持續不斷地以期望來澆灌它。如此一來，你會讓自己變成一塊磁鐵，吸引你所渴望的事物。別害怕去聯想及肯定這些事物，當你這麼做，就是在提出一個完美的理想，而這個理想會開始賦予它自身物質的外形；藉由這個方式，你可以利用宇宙中最精微、最強大的原動力。

如果你特別渴望擁有任何事物，而且那是你認為對你來說美好而正確的事物，也是有助於拓展生活或提升你對他人效用的事物；那麼，只要在對的時間、用對的方法，藉由對的工具堅守住這個想法，你所渴望的事物自然就會到來，或是會為你敞開大門以得到你所渴望的事物。

我認識一位年輕女士，不久前亟需一筆錢作為急用；她有一個極好的目的需要這筆錢，而且她認為自己沒有任何理由不該擁有這筆錢。她深諳內在力量之威能，因此，她讓自己抱持著前述那種心態。

某一天早晨，她進入片刻的靜默，以這樣的方式把自己帶入與至高力量更完整和諧共處的境地；在這天接近尾聲時，一位男士來電，他是她所認識的一個家族的成員之一。這位男士詢問她，她是否願意為這個家族做一些工作；她有些驚訝他們會要求她去進行這類特別的工作，但她對自己說：「這是個召喚，我會回應它，看看它會帶來什麼。」

她接下了這份工作，而且做得很好。當她完成工作時，他們酬謝了她一大筆遠遠超乎她預期的金錢；她覺得，以她所完成的工作來說，這筆報酬的金額太過龐大了。她表達了她的意見，但他們的回覆是：「不，你提供這項服務的價值，遠超出我們原本打算支付給你的金額。」

因此，對於她想達成的那個目的來說，她收到的金額總數已經綽綽有餘。

這是眾多關於明智、有效運用至高力量的實例之一，也給我們上了一課：別只是合掌祈禱、指望你想要的事物會自動掉在你的腿上，而是要啟動至高力量，然後抓住第一件自行出現的事物。做你手邊出現的那件該做的工作，然後把它做好。如果這項工作並未讓你完全滿意，那麼，肯定、相信、期待它會是帶領你通往更美好事物的媒介。

若想吸引你可以擁有的、全世界所有最美好的事物，其基礎就是先在你的心智中被這些事物所圍繞、擁有它們並活在其中——這也就是人們所謬誤稱呼的「想像力」。一切所謂的想像出來的事物，都是無形元素的展現和力量。讓你的心智住在宮殿之中，宮殿般富麗堂皇的環境會逐漸被你吸引過來。

然而，這樣的「活在其中」並非痛苦或沮喪或抱怨地懷抱希望，而是當你「潦倒失意」時，還能平靜而堅持地把自己視為幸運兒；當你只能用錫盤吃飯時，還能把錫盤看成邁向銀盤的踏板。

這並不是羨忌那些擁有銀盤的人，或是心懷不平地對他們怒吼咆哮；那樣的怒吼，只會從心智力量的銀行帳戶中提取過多的股本。

一位深諳內在力量威能的朋友，其生活中的所有細節都受內在力量指引；他提供了這樣的建議：當你在熊的懷裡，即使被緊緊抱住，你也要正視牠並開懷大笑，同時始終把注意力放在牛之上。如果你讓自己全副的注意力都放在熊的現況，牛的願景可能會完全被你拋到九霄雲外。

換句話說，如果你屈服於逆境之下，它就可能掌控你；但如果你認識到自己擁有掌控環境的力量，那麼，逆境就會屈服於你，並且逐漸轉變成繁榮成功的順境。如果當逆境到來時，你可以鎮定、沉靜地認清它，並利用原本會花在悔恨、恐懼、不祥預感上的時間，來啟動你內在的強大力量，逆境很快就會向你告別。

對於絕對教條的信念，是邁向真正成功的唯一法則。當我們認識到一個人的成功或失敗都是自己造成，絕非取決於外在條件的這項事實，我們就會擁有一股力量，得以迅速將外在條件轉變成有利於成功的媒介。當我們達到這種更高層次的認識，讓我們的生命與至高法則完全和諧共處時，我們就能聚集並引導那些被喚醒的內在力量；這些力量會帶著目的被發送出去，然後碩果纍纍地回來。如此一來，我們將偉大到足以吸引成功，成功也不會總是看似遙不可及；我們可以在內心建立一個強大的中心，待在家中就能吸引來所渴望的境況，而無須為瑣事東奔西走。如果我們能穩固地堅守並立足於這個中心，事情就會持續如我們所願般發展。

所需之物都會適時到來

現代社會中，大多數人想要的都是日常生活中的實用事物，也有人對自己的極度「務實」深感自豪，但一個人即便賺得全世界，卻從未認識自己的靈魂，對他會有什麼益處？有無數人全然錯失了真正的人生，甚至沒能學會真正生活的基本要義；他們是奴隸，是被他們暫時累積的物質所掌控的卑微奴隸。

他們以為自己擁有那些財富，但其實是那些財富擁有他們；對於他們周遭的人以及整個世界來說，他們的生活相對貧瘠。當這些人無法保有自己的肉體（亦即他們與物質世界建立連結的媒介），就會變得一無所有、一貧如洗。他們連一丁點兒自己累積的財富都帶不走，只能赤裸裸、身無長物地進入另一種生命形式。

善行、成熟的品格特質、了悟的靈魂力量，以及內在生命與演進開展的真正財富等等，所有這些成為我們真正、永恆財富的事物，卻在他們的生命中未曾占有一席之地，也是他們生命中所缺乏的真實事物。

一旦我們養成了某個習慣，要在另一種生命形式中打破它，並不會比在目前的生命形式中更容易做到；如果一個人在目前的生命形式中自願養成某種狂熱癖好，那麼拋下肉體也無法讓一切情況變得完美。

一切都是法則，一切都是因果；

種瓜得瓜，種豆得豆，不僅此生如此，生生世世皆是如此。

此生被物質財富這項唯一的欲望所奴役之人，即便在無法保有肉體之後，仍將繼續為這項欲望所奴役；而等到他的肉體不復存在時，他甚至連滿足欲望的工具都沒了。在這種習慣的掌控下，他至少在一段時間內無法將喜好轉移到別的事物上；而少了滿足欲望的工具，欲望只會讓他備受折磨。當他看到那些以前所累積的、屬於他的財物，如今被一些揮霍無度的人隨意浪費，這種折磨或許只會有增無減。他可以將財產遺贈給他人，但對其用途卻無從置喙。

因此，認為有任何物質財產是屬於我們的，這是多麼愚蠢呀！舉例來說，一個人把幾畝神的土地圍起來說是屬於他的，這又是多麼荒謬。

真正屬於我們的東西，我們必可保有，
但來到我們手中的事物並不是為了讓我們擁有、囤積和貯藏，
而是為了讓我們明智地運用。

我們只是管家，而身為管家，我們應該對如何運用受託之物的方式負責。那貫穿萬物的偉大補償法則，在運作上精確無比——儘管我們並不總是能完全理解此法則，甚至連當它的運作與我們自身相關時，我們可能都還是無法認清它。

實現了至高生命之人，不再渴望累積巨額財富，也不再渴望任何其他無節制的過度之舉。他愈能認識到自己內在的財富，外在的財富在他看來只會變得愈來愈不重要。而當他認識到自己內在有個源頭，能從中汲取力量來召喚所需之物，並且手中隨時有充足供應來實現他所有的需求，他將不再背負累積大量物質的重擔；這項重擔先前總是需要他持續不斷地照料與關注，讓他的時間與思緒從生命的真實事物上抽離。換句話說，他先找到了國度，並意識到在找到其國度之際，其他的一切都會水到渠成。

儼然一無所有、實則一切俱足的主說，財主進入天國是難的，難如駱駝穿過針的眼；換句話說，如果一個人把所有的時間都花在累積及貯藏遠超過他所能使用的外在物質和財物，那麼，他有什麼時間可以用在尋找那美妙的國度呢？這個國度一旦被找到，其他一切都會隨之而來。擁有數百萬的財產，同時肩負著照管這一切的重擔，或者認識至高法則與力量，知道你所有的需求都會在適當時間得到滿足，知道沒有任何好處會被保留不給，知道我們有能力讓供給總是等於需求——哪個選項更好呢？

進入了這種至高知識境界的人，絕不願讓自己陷入現今世界緊攫住許多人的種種瘋狂行為之中；他會避開它們，宛如避開任何令人厭惡的肉體疾病。當我們認識了至高力量，就能更加關注真實生命，而非將全副精力都放在累積大量財物上；這些財物只會對真實生命造成阻礙，而非帶來助益。在這裡，正是這樣的境界為我們帶來真正的解決方案，在生命的各個階段皆是如此。

當財富超過了某個數量之後，我們就使用不到那部分的財富；
而當它不會被使用到時，
就成了我們的一種阻礙而非助益、一項詛咒而非恩賜。

我們周遭滿是這樣的人，他們過著畏怯退縮、滯礙難行的生活；倘若他們能開始明智地利用那些花了大半生時間所累積的財富，他們的生活就能變得豐富美好，並且充滿永恆的喜悅。

一個人終其一生都在累積財富，直到臨終時才捐作慈善用途，距離理想的生活還差得很遠，這樣的生命頂多聊備一格。對我來說，把一雙再也不會穿的破舊鞋子送給另一個需要鞋子的人，並不是什麼特別值得稱許的事；但把一雙堅固的好鞋送給另一個在嚴寒冬天中幾乎赤腳行走，竭盡全力誠實謀生並照顧家人需求的人，才是值得稱許的善行。若說在送出鞋子給他人的同時，我也付出了我自己，那麼對方將獲得雙重贈禮，我也得到了雙倍的祝福。

對於累積大量財富的人來說，財富最明智的用途，莫過於在有生之年中，一復一日地將這些財富投入於生命與高尚品格的塑造上。如此一來，他們的生命將不斷被充實增強且愈來愈豐富多采。如今，許多住在宮殿裡的人，在真實生活中比許多上無片瓦、下無立錐之地的人還貧窮；一個人可以擁有一座宮殿並住在其中，但這座宮殿之於他，不過就是一間泳池小屋。

蛀蟲與鏽蝕是大自然提供的必需品，用以分解並潰散那些被貯藏起來而最終毫無用處的事物，從而讓它們準備好以新的形式被運用。還有一條偉大的法則持續在運作，它的效果是削弱並抑制囤積者真正享受的能力以及所有更高層次的才能。

許多人不斷讓自己遠離更高尚、更美好的事物，因為他們對老舊事物始終緊抓不放。如果他們能夠運用並轉讓老舊事物，才能創造出空間以迎接新事物的到來。

囤積貯藏必然會以某種形式帶來損失，
而明智地使用將會帶來不斷煥然一新的收穫。

如果在樹葉完成了這一年的使命之後，樹木仍貪婪無知地緊抓著它們不放；那麼來年春天，茂密美好的新葉要從哪裡發出芽來？逐漸衰敗、最終死亡，這是必然的結果。如果樹木已經枯死，那麼對它來說，或許緊緊攀附住老葉即已足夠，因為沒有任何新葉會再長出來；但只要樹木之中仍有活躍的生命力存在，它就必須讓自己擺脫老葉，為新葉騰出成長的空間。

豐裕是宇宙的法則，倘若沒有任何事物阻礙它的到來，所有需求都會得到充足豐沛的供應。對我們來說，自然而正常的生活理應如此；藉由不斷地認識到我們與無限生命及力量的一體性，以至於發現自己始終擁有一切所需事物的豐足供應，我們就能擁有豐富、充實至極的生命與力量。

因此，不是藉由囤積貯藏，而是藉由明智地運用並讓自己擺脫那些隨囤積貯藏而來的事物，我們將能擁有不斷煥然一新的供應，而且它會比以往的供應更能適應當前的需求。如此一來，我們不僅能擁有無限美好的最豐盛寶藏，更能讓自己成為開放的管道，讓美好寶藏經由這些管道流向他人。

9

聖賢哲人的智慧之語

到目前為止，我一直嘗試不偏不倚地陳述這些重要的事實，並且依據我們自己的理性與洞察來說明一切，我的目標是不以他人的教誨為依據，儘管這些教誨可能讓我們深受啟發。現在，讓我們按照全世界一些偉大的思想家和鼓舞人心的導師所提出的見解與教誨，來審視一下這些相同的偉大真理。

我們在這些書頁中所呈現的精義與要點是：人類生命中最重要的事實，在於有意識地認識到我們與無限生命的一體性，以及對這股神聖之流充分地敞開自己。

耶穌的見解

耶穌說：「我與父原為一。」由此，我們可以看出耶穌如何體認到祂與天父的生命合而為一。耶穌又說：「我對你們所說的話，不是憑著自己說的，乃是住在我裡面的父作他自己的事。」在這裡，我們看到耶穌清楚地體認到，祂自己無法成就任何事，唯有與天父一起，祂才得以行一切事。耶穌又說：「我父作事，我也作事。」換句話說，我父賜予力量，我對這股力量敞開自己，並與其一同行事。

耶穌還說：「你們要先求他的國、和他的義，這些東西都要加給你們了。」耶穌進一步解釋說：「人不得說看哪、在這裡，看哪、在那裡，你們不知道神的國就在你們心裡嗎？」根據耶穌的教誨，神的國與天國實則為一、如出一轍。祂的教誨是天國就在我們心裡，也就是說：你們要有意識地認識到你們與天父的生命實為一體；當你們認識到這種一體性，就會找到國度，接著，其他的一切都會隨之到來。

浪子回頭的故事是另一個實例，說明了耶穌的同一項偉大教誨。浪子遊蕩於所有肉體感官的世界中追求快樂與歡愉，直到花光了所有錢財，發現這麼做並不能滿足他，只會將他帶入肉體產物的水準；他才醒悟過來，說：「我要起來，到我父親那裡去。」換句話說，經歷了這些浪蕩歲月，他自己的靈魂終於對他說話：「你不只是畜生，你是你父親的孩子，起來到你父親那裡去，一切都在他手中。」耶穌又說，不要稱呼地上的人為父，因為只有一位是你們的父，就是在天上的父。在這裡，他認識到這項事實：真正的生命直接來自於上帝的生命。我們的父親與母親都是媒介，給予我們身體、給予我們住屋，但真正的生命來自無限生命的源頭，也就是上帝，我們的父親。

有一天，有人對耶穌說，祂母親和弟兄站在外面，要與祂說話。祂說：「誰是我的母親？誰是我的弟兄？凡遵行我天父旨意的人，就是我的弟兄姊妹和母親了。」

許多人深受關係紐帶所奴役，然而，我們最好記住，真正的親人並不必然是與我們有血緣關係的人，而是在心智、靈魂、精神上與我們最相近的人；我們的近親可能是生活在地球另一端的人，我們可能從未見過他們，但透過不斷運作且永不失靈的吸引力法則，我們仍然深受他們吸引，不論是在這種生命形式或另一種生命形式之中。

當耶穌給予「不要稱呼地上的人為父」的訓諭（因為你的父在天上），即為我們提供了上帝的父親身分這個宏偉概念的基礎。如果上帝同時也是所有人的父親，那麼我們即可從此衍生出人類兄弟情誼的基礎。但從某種意義上來說，還有一個層次更高的概念，亦即人與上帝的一體性，以及全人類的一體性。當我們認識到這個事實，就能清楚看出，我們愈能認識到自己與無限生命合而為一，每向上帝邁出一步，就愈有助於提升全人類對這個事實的認識，從而讓他們也能向上帝邁出一步。

當耶穌說：「你們若不變成小孩子的樣式，斷不得進天國。」祂再次指出了我們與無限生命的真正關係；當祂說：「人活著，不是單靠食物，乃是靠神口裡所出的一切話。」祂所闡明的這項真理，其重要性遠超乎我們迄今所能全然掌握的範疇——

即便肉體生命也無法單靠實質的食物來維持，
而是人與無限源頭的連結在極大程度上決定了身體的構造與活動的狀況。

「清心的人有福了，因為他們必得見神。」換句話說，在整個宇宙中只認定上帝的人有福了，因為只有這樣的人才能見到上帝。

摩奴和佛陀的教誨

偉大的印度聖哲摩奴（Manu）曾說，一個人若能在自己的靈魂中感知到所有眾生至高無上的靈魂，並對它們都能平靜以對、無分別心，就能臻至極樂之境。西元四世紀的埃及主教亞他那修（Athanasius）說，即便是我們，也可能成為以血肉之軀行走於人間的神。後來成為佛陀的喬達摩・悉達多也說道，人們深受束縛，是因為尚未去除「我」的執念；消除所有的分離感，認識自我與無限的一體感，正是貫穿他所有教誨的精神。而貫穿中世紀神秘主義者生平的，也正是這相同的偉大真理——與神合而為一。

史威登堡的提醒

然後，深受啟發的先知伊曼紐・史威登堡（Emanuel Swedenborg），亦指出了與他所稱的神聖湧流（divine influx）相關的偉大法則，以及我們如何更充分地對其運作來敞開自己。在宗教與恩友敬拜中，最重要的事實是內在之光，亦即神在人的靈魂中直接與人對話，而這端視靈魂對祂敞開的程度而定。

一位深受啟發的先知與我們一起住在康科德（Concord）時，認識到同樣的偉大真理，他說，我們都是生命大海的小港灣；而正是藉著對大海的湧流完全而充分地敞開自己，他才得以成為深受啟發的先知。

與神同行

綜觀世界的歷史，我們發現那些進入真正智慧與力量之域，從而邁向平靜與喜悅之境的男女，都與這樣的至高力量和諧共處。

大衛強壯有力，他的靈魂迸發出讚美與崇拜，這與他傾聽神的聲音並按照至高提示來生活的程度恰成正比；每當他沒能這麼做時，我們會聽到他的靈魂苦惱而悲痛的呼喊。同理，每個國家或民族亦是如此。當以色列人承認了上帝並遵循祂的引導行事，他們繁榮、滿足、強大，所向無敵、勢不可擋。當他們只靠自己的力量，而沒能將上帝視為其力量的源頭時，他們就被擊敗、深受束縛或陷入絕望。

真理的背後潛藏著一條永恆不變的偉大法則。能聽到神的話語並遵行的人是有福的，然後一切皆會隨之而來；我們明智與否，取決於我們能否按照至高之光的指引而活。

世界歷史上所有的先知、預言家、聖賢哲人與救世主，皆是透過完全自然的過程而成為現在的模樣，從而擁有他們的力量，他們全都認識到並且有意識地體現了他們與無限生命的一體性。神不偏待人，祂並未創造出先知、預言家、聖賢哲人與救世主，而是創造出人。但是，到處都有人認識到自己的真實本體，以及他的生命與生命源頭的一體性；他活在這種體認之中，從而成了先知、預言家、聖賢哲人與救世主。神不偏待任何種族或國家，亦沒有任何選民。

沒有任何一個時代或地區的奇蹟，有別於其他的時代或地區。只要具備了適當的條件，在任何地區與時代，就會有許多我們稱之為奇蹟的事件發生。只要人們尊崇那些支配奇蹟的法則，那麼今日所展現的奇蹟就會跟以往一樣相差無幾。他們是勇士，我們被告知他們是與神同行的勇士；在「與神同行」這句話中，隱含著「勇士」這個詞的秘密，也就是因與果。

神從未特意讓任何人繁榮富足。
舉凡任何人繁榮富足，
皆是因為他承認了神，並且按照至高法則生活。

所羅門被賦予機會去選擇所渴望的事物，他的明智判斷讓他選擇了智慧；但是當他選擇智慧時，發現其他一切也都隨著智慧而來了。

我們被教導的是，神使法老的心剛硬，但我不相信；神從未使任何人的心剛硬，是法老使自己的心剛硬，神卻為此受到責備。當法老使自己的心剛硬、不聽從神的聲音，瘟疫災禍就降臨了。再次，仍是因果的運作。相反地，倘若他願意傾聽，對神的聲音敞開自己並遵循它來行事，瘟疫災禍便不致降臨。

我們可以成為自己最好的朋友，或是成為自己最糟的敵人。若我們能與自己內心至高至善的一面為友，就能成為所有人的朋友；若我們與自己內心至高至善的一面為敵，就會變成所有人的敵人。我們愈能對至高力量敞開自己，讓這股力量經由我們而體現出來，那麼藉著我們內在鼓舞人心的靈感，從某種意義上來說，我們就成了同胞的救世主。

我們都可以成為彼此的救世主，
你也可以如實地成為這世界的一位救贖主。

10

所有宗教的基本信條

我們所思索的偉大真理，亦是貫穿所有宗教的基本原則，我們在所有宗教中都能發現這項原則，而所有人也都認同這一點。此外，這也是所有人都能認同的偉大真理，不論他們是否屬於相同的宗教。

人們總是為了雞毛蒜皮的瑣事，為了各自對無關緊要之枝微末節的觀點而爭吵，但他們總會在偉大的基本真理（亦即貫穿所有宗教的脈絡）面前團結起來；爭吵不合與小我有關，而認同共識則與高我有關。

一個地區可能有其派系之爭，而且派系之間爭鬥不斷；但是，當一場大災難降臨在這片土地上時，無論是洪水、饑荒、瘟疫，這些個人的小小分歧就會被完全遺忘，所有人都會為了同一個偉大目標並肩致力。不斷改變的自我會帶來爭吵不合，靈魂的自我則會讓所有人團結在愛與服務的最大努力成果之中。

愛國心是一件美好的事。對我來說，愛我的國家是件好事，但為什麼我應該愛自己的國家勝過其他所有的國家？如果我愛自己而恨別人，就展現出侷限性，我的愛國心甚至經不起我自己的考驗；如果我愛自己的國家，並且同樣愛其他所有的國家，那麼，我展現的是我本性的寬宏大度，這樣的愛國心是崇高且始終值得信賴的。

在涉及神的觀點上，我們皆認同神是萬物背後的無限生命與力量之精神，這股精神在萬物身上運作，貫穿萬物，也是萬物的生命；對此，所有人、所有宗教的意見皆為一致；從這個觀點來看，這世上就沒有任何異教徒或無神論者的存在了。然而，許多涉及上帝的觀點都與無神論者及異教徒有關；感謝上帝，還好有這些人存在。在我們之中，有些虔敬而熱切的信徒會把一些事情歸因於上帝，然而，沒有一位受人尊敬的男女會容許別人把這些事情歸咎到他們身上。因此，對那些無法理解上帝為何會對祂的孩子生氣、妒嫉、報復的人來說，「上帝是萬物背後的無限生命」這個觀點反而較令他們滿意。諷刺的是，當人們身上展現出這些特質時，我們對他們的尊敬總是會冰消瓦解，卻有許多人認為上帝具備這些特質（註：這些特質，指的是類似上帝會生氣、妒嫉、報復）。

熱切真誠的異教徒，是真正的宗教所能擁有的最偉大朋友之一，因為他們是神最偉大的僕人，也是人類中真正獻身於神的公僕。基督就是世上有史以來最偉大的一位異教徒，祂讓自己不受任何既定或正統教義信仰的束縛。基督是顯而易見的普世類型，而施洗者聖約翰（John the Baptist）則屬於個人類型。約翰穿著特定服飾、吃喝特定食物、擔任特定神職、在特定地區生活與受教，他意識到這個事實：他自己必衰微，而基督必興旺。另一方面，基督絕未給自己設下任何限制；他不允許自己被任何事物所束縛，他絕對地普世，屬於一般大眾，因此他的教誨不僅適用於他自己的時代，也適用於所有時代。

我們達成共識的偉大真理，既是人類生命的偉大事實，亦是貫穿所有宗教的金線。當我們把這項真理當成生命中至高無上的事實時，就會發現到那些微細的差異、狹隘的偏見，以及所有可笑的荒謬言行，都會因其本身的微不足道而消失；因此，猶太人可以在天主大教堂敬拜、天主教徒可以在猶太會堂敬拜、佛教徒可以在基督教堂敬拜、基督徒可以在佛教寺廟中敬拜。或者，所有人都能在自己家的爐邊、外頭山坡上，或是在日常生活中追求興趣愛好時敬拜，因為——

真正的敬拜，不可或缺的只有神與人類的靈魂，無須取決於時間、季節或場合。無論何時何地，神與人在叢林中都可能相遇。

這就是所有人都認同的、普世宗教偉大的基本原則，也是永恆的偉大事實。眾人無法產生共識的事情很多，然而，這些都是個人的、非必要的事情，所以隨著時間流逝，它們也會逐漸消逝。

一個無法理解這項偉大真理的人，舉例來說，一名基督徒會問：「可是，基督不是受到了啟發嗎？」是的，但他不是唯一受到啟發的人。另一名佛教徒也會問：「佛陀不是受到了啟發嗎？」是的，但他也不是唯一受到啟發的人。

基督徒會問：「可是，我們基督教的《聖經》不是得到啟示而寫成的嗎？」是的，但還有其他得到啟示而寫成的經典。婆羅門或佛教徒會問：「《吠陀經》不是得到啟示而寫成的嗎？」是的，但還有其他得到啟示而寫成的神聖典籍。你所犯下的錯誤，不在於相信你的特定經典是得到啟示而寫成，而在於無法看見其他經典也是得到啟示而寫成；你的錯誤讓你展現出荒謬可笑的侷限性。

神聖典籍、得到啟示而寫成的作品，全都來自同一個源頭——神。神透過那些對祂敞開自己的靈魂說話，而有些靈魂可能比其他靈魂更深受啟發，這完全取決於這個靈魂或那個靈魂對神聖聲音敞開自己的相對程度。希伯來經典中一位深受啟發的作家曾說，智慧是神之力量的氣息，它在所有的時代進入神聖的靈魂，使它們成為神之友以及先知。

願我們別成為渺小畏縮、深受侷限、冥頑不靈的人，認為無限之神僅對一小撮祂的子女、在地球的一小方角落、在某一段特定時期展現自己。這並非神運作的模式。「我真看出神是不偏待人，原來各國中，那敬畏主行義的人，都為主所悅納。」基督教的《聖經》如是說。

當我們充分認識這項真理，就會看出一個人信仰何種形式的宗教並沒有什麼分別，他有多麼忠於這項至關重要的原則，才是造成重大區別的關鍵所在。我們愈能少愛自己一點、多愛真理一些，就愈能不去在乎如何改變他人、如何讓他人採行我們特定的思維方式，而是愈發關注於如何幫助他人透過最適合他們的管道，來充分認識真理。中國人說，我師之教誨僅存乎誠信一心。我們只要深究就會發現，這正是每一位堪被稱為大師之人所給予的教誨。

所有宗教的偉大基本原則皆如出一轍，差別僅在於人們的開展程度各異，因此在細節上也略有不同。我有時會被問到這個問題：「你信仰的是什麼宗教？」什麼宗教？哎呀，神保佑你，這世上只有一種宗教，崇敬的是活生生的神。當然，同一種宗教也會因為不同人的不同詮釋，從而產生不同的教義信條，但這些都是無關緊要的枝微末節；靈魂愈開展，這些枝微末節就會變得愈發無關緊要。當然，所謂的宗教多如牛毛，但實際上，只有一種宗教存在。

一旦我們忽略了這個偉大的事實，就會偏離了真正宗教不可或缺的真實精神，並讓我們自己接受形式的限制與束縛。我們愈放任自己這麼做，就是在周遭築起藩籬，阻擋在我們與他人之間，也阻礙了我們去認識普遍適用的真理。舉凡不具備普遍性的事物，都配不上真理之名。

世上只有一種宗教。

波斯經典著作中一位深受啟發的作家寫道：「無論我走上哪一條路，都會與通往你的大路會合。」「神鋪的毯子遼闊無邊，並賦予其無與倫比的美麗色彩。」

佛教徒說：「純潔之人尊重每一種信仰形式。」

中國人說：「我的教義不分貴賤貧富，如虛空那般容納了一切，如流水那般洗滌了一切。」「心胸寬廣者能看出不同宗教中的真理，心胸狹隘者只看得見不同宗教中的差異。」

印度教徒說：「心胸狹隘的人會問，『這個人是陌生人，還是屬於我們部落的自己人？』但對那些心中有愛的人來說，全世界就是一個大家庭。」「祭壇的花朵種類繁多，但所有的崇敬禮拜皆如出一轍。」「天堂這座宮殿有許多扇門，每個人都可以走自己的路進去。」

基督徒問道：「我們不都是同一個天父的兒子嗎？」「上帝從一血脈造出萬族的人，住在全地上。」

近代的一位先知曾說：「過去對人類靈魂有益的事物，天父已對古人揭示；今日對人類靈魂有益的事物，祂現在就揭示了。」

詩人丁尼生（Tennyson）曾說：「我夢想用一塊塊石頭築起一座神聖的殿堂、一座聖堂，既非佛塔、清真寺，亦非禮拜教堂，而是更崇高、更簡樸的建築，永遠對來自天堂的氣息敞開大門，真理、和平、愛、正義都會前來安居於此。」

從其真實意義上來說，宗教是人類靈魂所能理解的、最令人喜悅的事物。而當我們認識到真正的宗教時，就會發現它是和平、喜悅、幸福的原動力，而非鬱鬱寡歡、悶悶不樂的媒介。因此，所有人都深受其吸引，沒有人會被排斥。

讓我們的教堂掌握這些偉大的真理，
讓它們付出時間精力去引導人們認識自己的真實自我，
認識自己與無限之神的關係及一體性。

那麼，結果將是無盡的喜悅、無數的群眾將蜂擁而至，以至於這些教堂的四壁都快要被擠爆了；如此的喜悅之歌將源源不絕地湧現，讓所有人愛上這種適合日常生活、真實不虛、充滿活力的宗教。

是否充分合乎生活的需要，合乎此時此地日常生活的需要，這是所有真正的宗教必經之考驗；如果它無法經得起這樣的考驗，那麼就不是真正的宗教。我們需要一種日常的、現世的宗教，在任何其他宗教上花費時間，比浪費時間還糟。如果我們能夠日復一日地珍惜、善用當下的每一小段時光，現在所過的永恆生活將會充實而美好；倘若我們做不到這件事，每一件事都做不到。

11 即刻實現最豐饒的生活

我聽到有人提出這樣的問題：潛藏在這種認識背後的事實，的確是最美好、最真實的，但我們如何在自己身上實現這種能帶來如此美妙結果的認識？

方法並不難，前提是我們自己不讓它變得更困難。我們要運用的、最主要的關鍵就是「敞開」：只要對神聖之流敞開你的心智與心靈；這股神聖之流正在等待你的大門敞開，讓它得以進入。這就像打開槽門，引導來自上方水庫的水源流往下方的田野；只要槽門開啟，水自然會依其本性湧入並灌溉田野。至於對我們與無限生命及力量合而為一的體認，最重要的一點是：認識你與它的一體性。

首要之務是開放的心智與心靈，讓你得以進入一種接受的心態；其次，是熱切真誠的渴望。

一開始，每天花片刻時間進入安詳、靜默的狀態，應該會有幫助；此時，你不會被那些經由身體感官管道而進入的騷動所干擾或動搖。在這種只有你與神的安靜狀態下，讓自己進入接受的心態。平靜、安寧、滿懷期待地渴望這樣的認識可以不請自來，並且占據你的靈魂；當這樣的時刻出現時，它會自行在你的心智中顯露無遺，讓你感受到它展現於你身體的每個部位。然後，隨著你逐漸向它敞開自己，將愈發強烈地感受到一股安靜、和平、深具啟發性的力量，讓你的身心靈和諧相伴，並且與整個世界和諧共處。

如今，你就站在山頂上，神的聲音正在對你說話；那麼，當你下山時，讓這樣的認識銘記於心。活在這樣的認識之中，不論是清醒、工作、思考、走路、睡覺時都力行不輟；如此一來，儘管你無法一直待在山頂上，還是可以持續生活在這樣的認識之中，重溫你在山頂上感受到的一切美好、啟發及力量。

此外，在繁忙的辦公室或嘈雜的街道上，只要拉起無形披風蓋住你自己的思緒，你就能進入靜默的狀態，意識到無限生命、愛、智慧、平靜、力量、富足的精神無所不在，時時刻刻都在指導、看守、保護、引領你。這就是不停禱告的精神，也就是認識神並與神同行，找到內心的基督。這就是獲得永生的拯救；無論一個人的信仰或信念形式為何，認識神就是獲得永生。「不久之後的甜蜜」（The Sweet By and By）將成為一首過去的歌，我們會創作出一首新歌叫「當下美麗的永恆」（The Beautiful Eternal Now）。

如果我們渴望、如果我們願意，這就是可以在這一天、這個小時、這一分鐘所產生的認識。現在，只要我們朝著正確的方向前進，抵達完整認識的輝煌壯麗之境必然指日可待。只要朝著那座山的方向啟程前進，無論或快或慢，總會抵達目的地。然而，除非一個人願意朝著正確的方向啟程前進，否則永遠到不了目的地。歌德（Goethe）曾說：

你是認真的嗎？抓緊這一分鐘：
你能做的，或者你夢想自己能做的，開始去做吧；
勇敢無畏之中包含了才華、力量及魅力。
只有參與其中，心智才會愈發興奮激昂；

開始進行，這工作才會完成。

喬達摩．悉達多這位年輕人說：「我已經覺醒並認識了真理，我決心要實現我的目標——我確實理應成佛。」正是這樣的認識讓他擁有了覺者的生命，並在今生就體認到涅槃之境。他的教導是，這種相同的體認與生命，存在於所有人當下的可能性中；正是這一點，讓他成為成千上百萬人的「光明持有者」。

耶穌這位年輕人說：「豈不知我應當以我父的事為念麼？」他把這當作一生的偉大目標，並且獲得完整而徹底的認識：我與父原為一。以此方式，他在今生就對天國有了充分的體認。他的教導是，所有人都能在此時此地獲取這種相同的體認與生命；也正是這一點，讓他成為成千上百萬人的「光明持有者」。

就具備實用價值的事情來說，我們可以找遍整個廣闊宇宙，然後發現再沒有比「你們要先求他的國、和他的義，這些東西都要加給你們了」更具實用價值的訓諭了。

我認識的一些人，都是透過對自己與無限生命合而為一的認識，以及對神聖指引充分敞開自己，進而圓滿無缺地臻至天國之境；他們都是這項重要的偉大真理在現實生活中的精彩實例。他們的生活不僅在整體層面上受到指引，在所有細節上亦是如此。他們活在對自己與無限力量合而為一的認識當中並持續與之和諧共處，也活在對天國的體認中。

豐足的一切事物都屬於他們所有，而且從來不會對任何事感到困惑，供給似乎總是等於需求；他們從來不會茫然於該做什麼，或是如何去做，總是過著無憂無慮的生活。他們無憂無慮，是因為無時無刻都意識到至高力量的指引，從而免除了必須擔負的責任。

切記，一個人可能實現的事，所有人都可能實現；對於擁有這種至高認識且活在其中，從而與至高法則和諧共處的人來說，這的確是自然而正常的生活。這只是融入了貫穿宇宙的神聖序列之流；一旦置身於這股神聖之流中，生命就不再緩慢沉重、單調乏味，而是宛如潮水流動、行星運行於軌道上、季節更迭般，日復一日地往前行。

生命中所有的摩擦不和、不確定性、苦惱不幸、苦難恐懼、不祥預感、困惑茫然之所以會出現，是因為我們無法與萬物的神聖秩序和諧共處；如果我們一直這麼生活，這些問題就會不斷到來。逆流而行將充滿了困難與不確定性，順流而行則能善加利用偉大的自然力量，安全、輕鬆而容易。有意識地認識到我們與無限生命及力量的一體性，就是進入這股神聖序列之流；與無限和諧共處，從而使我們與周遭的一切、與天國的生命、與整個宇宙和諧相處。最重要的是，它使我們與自己和諧共處，以至於我們的身心靈都能完美交融，整體生命愈發充實而完整。

如此一來，感官生命就不再掌控並奴役我們；身體臣服於心智的統治之下，心智又臣服於心靈之下，並且不斷受心靈所啟發。至此，我們的生命就不再貧乏而失衡，而是成為三倍豐盛的全方位生命，充滿了所有的美好以及不斷增長的喜悅與力量；我們從而意識到，中庸之道才是生命的偉大解決方案，既非一端的禁欲主義，亦非另一端的放縱與濫用。所有事物皆可被使用，但必須被明智地使用，人們才得以充分地受益。

當我們活在這些至高的認識之中，我們的感官不但不會被忽視，反而會更加完善敏銳。隨著身體愈來愈細緻、輕盈，組織與形態愈來愈精微，所有感官也變得愈發敏銳、精密，以至於那股力量（那股我們尚未意識到是屬於自己的力量）會逐漸進化成長。我們便能以一種自然正常的方式進入超意識領域，並使至高法則與真理得以對我們揭示。當我們進入這些領域中，便不再花時間揣測到底是哪個人真正具備了洞見與力量，而能夠自行了然於心；我們也不再試圖以其他人的傳聞來慫恿旁人，而是知道自己言之有物。唯有如此，我們才能成為一言九鼎、深具威信的影響者。

有許多事情，一直要到我們進入至高法則與真理得以對我們揭示的狀態，我們才能得知。「人若立志遵著他的旨意行，就必曉得這教訓。」新柏拉圖主義之父普羅提諾（Plotinus）曾說：「你的心想看見神，它自己得先成為神。」如此，當我們使這些至高法則與真理得以對我們揭示，我們將成為覺者，而透過我們這個管道，這些至高法則與真理遂得以對他人揭示。

當一個人充分意識到隨著這項至高覺醒而來的各種可能性，在他周遊各地與同胞往來交流時，就會把深具啟發的靈感傳授給所有人，這樣的靈感會在這些人的內心燃起一種強大的力量感——類似他自己所擁有的感受。

我們全都在持續散發各式各樣的影響。

我們這麼做的方式，跟每朵花散發出自己獨特氣味的方式如出一轍：玫瑰把它的香氣散發到空氣之中，所有靠近它的人都煥然一新，並因散發自玫瑰靈魂的芬芳而深受鼓舞；毒草則會散發出難聞的氣味，它的影響既不讓人感覺清新，亦不讓人深受鼓舞。如果一個人在毒草附近逗留過久，可能會受到令人不快的影響，甚至可能生病。

生命的境界愈高，它散發的影響就愈深具啟發、愈有助益；生命的境界愈低，它對所有與其接觸的人散發的影響則愈有害。每個人都在持續散發某種氛圍、某種影響力。

在印度海上航行的水手表示，許多時候，他們早在看見某些島嶼之前，藉由飄蕩於深遠大海中檀香木的甜美香氣，就能辨識出船隻正在接近這些島嶼。當你有這樣的靈魂在身體中運作，身上將散發出一股微妙、靜默的力量，讓所有人都能感受到並深受影響；試想這將為他們帶來多大的助益。

因此，你帶著深具啟發的靈感，無論去到哪裡，你不斷為他人帶來祝福；所有人都會說：他的到來為我們的家帶來平靜與喜悅，歡迎他的到來；當你經過街道，疲憊、倦怠不堪的男女都會感受到一種神聖的悸動，喚醒他們內心新的渴望與新的生命；甚至當你經過一匹馬時，牠都會轉過頭來，帶著一種奇異的、半人類般的渴望眼神看著你。這就是人類靈魂對神聖全然敞開、毫無保留時所擁有的微妙力量。當如此的生命進入我們內心時，至少有一首歌如實地表達出這樣的情感：

啊！我站在偉大的永恆之巔，

一切在我看來都是神聖無比；

我吃著天賜的嗎哪，
我喝著天堂的甘露。

彩虹絢爛的微光中，
我看見天父之愛，
我凝視著它那明亮璀璨交融了緋紅、蔚藍、金黃的七彩光芒。

所有歡快高歌、羽彩繽紛的鳥兒，
所有奼紫嫣紅、爭豔怒放的百花，
它們令人愉快的芳香帶來了甜蜜香氣的賜福。

在清晨輝煌絢麗的曙光中，

在傍晚五彩斑斕的暮光中，
啊，我的靈魂欣喜若狂，
我的感官化為烏有。

當一個人有意識且充分地認識到他與無限生命及力量的一體性，並讓自己始終保持在這樣的覺知與認識當中，那麼其他的一切都會隨之而來、水到渠成。這就是認識到，如此輝煌、美麗、喜悅的生命，只有與無限力量建立起連結才能出現；這就是在行走於地上時，認識到天上的無盡寶藏；這就是將軟弱與無能轉換成力量，把悲傷與哀嘆轉換成喜悅，將恐懼與不祥預感轉換成信念，把渴望轉換成實現；這就是融入平靜、力量、豐足的圓滿境界。

這就是融入無限，渾然一體。